JN421342

정글같은 삶속에서 벌어지는 상속증여 세금전쟁 이야기

현직 세무사가 알려주는
상속·증여 국세청 과세사례

저자 송 경 학 세무사 / 김 동 현 세무사 / 허 성 무 세무사

Inheritance Taxation

As of 2026, the highest inheritance tax rate in South Korea is 50%.
All inherited property is appraised and taxed at market value.
This is a serious problem.

더존테크윌
DUZON TECHWILL

정금같은 상속에서 벌어지는 상속증여 세금전쟁 이야기

현직 세무사가 알려주는

상속 · 증여 국세청 과세사례

발 행 일 | 2026년 1월 19일
지 은 이 | 세무사 송경학, 김동현, 허성무
출판기획 | 세무법인다솔WM 제2본부
펴 낸 곳 | (주)더존테크윌
주 소 | 서울시 광진구 자양로 142, 청양빌딩 3층
등록번호 | 제25100-2005-50호
ISBN | 979-11-6306-133-5
정 가 | 19,000원

본서는 세법의 빈번한 개정과 새로운 행정해석으로 인하여, 저자의 사례해설에 따른 적용결과의 그 완전성이 보장되는 것이 아닙니다. 반드시 세무전문가와 상담하여 세무리스크에 대한 충분한 검토가 필요합니다.

상속증여양도신고 · 명의신탁주식환원 · 교육문의 및 책구입
TEL. 02-582-1812~3 / E-mail. tax95@naver.com
(세무법인다솔WM 제2본부)

저자약력

송 경 학 법학박사/상속세·명의신탁주식환원 전문세무사

■ 주요경력

- 세무법인 다솔WM센터 제2본부 대표 및 상속세 센터장
- 성균관대학교 법학전문대학원 법학박사(Ph.D)
- 서울시립대학교 세무학과 졸업
- 서울지방국세청 국세심사위원(상속분야)
- 삼일회계법인 DTLS, 롯데쇼핑재무팀
- 한국세무사회 연수교수, 삼일인포마인 세무자문위원
- 고려대학교 정책대학원 조세재정학과 겸임교수
- 삼성생명 초프레스티지 교육과정, 금융MBA과정, GFC과정, 명인과정 교육
- 하나은행, 외환은행, 대신증권, 동양증권, 미래에셋생명, 알리안츠생명, 한화생명, 현대라이프,현대해상 등 PB연수교육
- 상속세 신고·조사대리 최다 수행

김 동 현 세무사/상속세전문

■ 주요경력

- 세무법인 다솔WM센터 제2본부 상속세 외부자문위원
- 서울시립대학교 세무학과 졸업
- 신한은행 본점 조세자문
- 조선일보, 한국일보, 뉴시스 등 조세자문
- (주)탈잉 등 법인투자매각자문 다수 수행
- 학교법인 신광학원 조세자문

허 성 무 세무사/상속세전문

■ 주요경력

- 세무법인 다솔WM센터 제2본부 상속세 외부자문위원
- 송파구 결산위원
- 가업승계 및 상속설계 다수 용역 수행
- 기업 M&A 인수합병 전문

우리나라 최고의
상속 · 증여 · 명의신탁주식환원
전문 세무법인

세무법인 다솔 WM센터 제2본부

주요업무

- 상속세신고 및 상속세 조사대리업무
- 상속 · 증여세 부동산 최적의 감정평가
- 가업승계 및 경영권승계 지분이동 컨설팅
- 비상장주식 평가업무
- 명의신탁주식환원 및 입증책임 컨설팅
- 조세불복업무(이의신청 · 심사청구 · 심판청구)

상속세신고 등 업무문의

세무법인 다솔WM 제2본부

TEL.02-582-1812~3

E-mail : tax95@naver.com

카카오톡 ID : tax95

SIGN

CONTENTS

CONTENTS

CONTENTS

「상속과 세금」 요약 정리

1 상속세의 계산

■ 계산절차

상속재산가액
(–)비과세·공과금·채무
(–)상속공제·감정평가수수료
(=)과세표준
(×)세율
(=)산출세액

■ 세율

과세표준	세율	누진공제
1억원 이하	10%	–
1억원 초과~5억원 이하	20%	1천만원
5억원 초과~10억원 이하	30%	6천만원
10억원 초과~30억원 이하	40%	1억6천만원
30억원 초과	50%	4억6천만원

■ **상속재산가액에는 다음의 증여재산과 간주·추정 상속재산이 포함됩니다.**

● **증여재산**

– 상속개시일 전 10년 이내에 상속인에게 증여한 재산

– 상속개시일 전 5년 이내에 상속인 이외의 자에게 증여한 재산

● **간주·추정 상속재산**

– 피상속인의 사망으로 인하여 지급받는 보험금, 신탁재산, 퇴직금·퇴직수당

– 상속개시일 전 처분한 재산의 가액이나 채무 부담액이 1년 이내에 2억원 이상인 경우 및 2년 이내에 5억원 이상인 경우로서 용도가 불분명한 것

2 상속세의 신고 및 납부

사망일이 속하는 달의 말일부터 6개월(피상속인 또는 상속인 중 비거주자가 1인 이상인 경우 9개월) 이내에 피상속인의 주소지 관할세무서에 신고·납부해야 하며, 이 기한 내에 신고하면 납부할 세금의 3%를 공제해 줍니다.

3 각종 상속공제

■ **공과금·장례비·채무**

– 피상속인에게 귀속되는 조세·공과금

– 피상속인의 장례 비용(최소 500만원에서 1,000만원 한도)

– 봉안시설(자연장 포함)의 사용에 소요된 금액(500만원 한도)

– 상속개시 당시 피상속인이 부담해야 할 채무

감정평가 비용

- 감정평가업자 평가수수료 : 500만원 한도
- 평가위원회 평가수수료 : 평가대상 법인 수 및 신용평가 전문기관 수 별로 각 1천만원 한도
- 서화·골동품 등 유형재산에 대한 전문가 평가수수료 : 500만원 한도

상속공제

① **기초공제 :** 2억원(가업, 영농상속 추가공제)

② **배우자 상속공제 :** 법정상속지분 내에서 배우자가 실제로 상속받은 가액(최소 5억원, 최대 30억원 한도)

③ **기타 인적공제**

- 자녀공제 : 1인당 5천만원
- 미성년자공제 : 1천만원×19세까지의 연수
- 연로자공제 : 1인당 5천만원(65세 이상인 자)
- 장애자공제 : 1천만원×기대여명(통계청 매년 고시)연수

④ **일괄공제**

「①기초공제+③기타 인적공제」를 대신하여 일괄로 5억원 공제 가능(상속인이 배우자 단독인 경우 일괄공제 배제)

⑤ **금융재산 상속공제**

- 순금융재산 2천만원 이하 : 전액 공제
- 순금융재산 2천만원 초과 1억원 이하 : 2천만원 공제
- 순금융재산 1억원 초과 : 금융재산가액×20%(2억원 한도)

※순금융재산은 금융재산에서 금융채무를 차감한 금액임

⑥ **동거주택 상속공제**

피상속인과 10년 이상 계속 동거한 무주택자인 상속인(직계비속)이 상속받는 1주택(10년 이상 계속하여 1세대 1주택일 것)의 경우 주택 가액의 100%(6억원 한도)를 공제

⑦ **위 상속공제는 아래 산식과 같은 종합한도가 있음**

상속세 과세가액-상속인이 아닌 자에게 유증·사인증여한 재산가액-상속인의 상속포기로 그 다음 순위의 상속인이 받은 상속재산가액-상속세 과세가액에 가산한 증여재산가액에 대한 과세표준

「증여와 세금」 요약 정리

1 증여세의 납세의무자

■ 증여세는 원칙적으로 수증자가 내야 합니다. 그러나 다음의 경우 증여자가 연대하여 납부할 의무가 있습니다.

- 수증자의 주소 또는 거소가 분명하지 아니한 경우로서 조세 채권의 확보가 곤란한 경우
- 증여를 받은 사람이 증여세를 납부할 능력이 없어 체납처분을 하여도 조세채권의 확보가 곤란한 경우
- 주식 등 명의신탁재산에 대해 증여세가 부과된 경우
- 수증자가 비거주자인 경우

2 증여세의 계산

■ 증여세는 증여재산의 가액에서 증여재산공제를 한 나머지 금액(과세표준)에 세율을 곱하여 계산합니다.

■ 계산절차

증여재산
(−)증여재산공제
(=)과세표준
(×)세율
(=)산출세액

■ 세율

과세표준	세율	누진공제
1억원 이하	10%	–
1억원 초과~5억원 이하	20%	1천만원
5억원 초과~10억원 이하	30%	6천만원
10억원 초과~30억원 이하	40%	1억6천만원
30억원 초과	50%	4억6천만원

3 증여재산 공제

증여자	공제금액
배우자	6억원
직계존속	5천만원
직계비속 (미성년자 2천만원)	5천만원
기타친족	1천만원
혼인·출산	1억원(2023. 12. 31 신설)

4 증여세 계산시 유의사항

■ 증여재산을 반환하거나 재증여 하는 경우

- **증여일이 속하는 달의 말일부터 3개월 이내 반환 또는 재증여하는 경우 당초 및 반환 모두 과세하지 않습니다.**
  - 다만, 반환 전에 정부의 세액결정을 받은 경우 및 금전은 과세
- **증여세 신고기한 경과 후 3개월 이내에 반환 또는 재증여하는 경우**
  - 당초 증여는 과세하고, 반환 또는 재증여는 과세하지 않습니다.
- **증여세 신고기한 경과 후 3개월을 경과하여 반환 또는 재증여하는 경우**
  - 당초 증여, 반환 및 재증여 모두 과세합니다.

■ 10년 이내 증여재산의 합산과세

- 당해 증여 전 10년 이내에 동일인(직계존속인 경우 그 직계존속의 배우자 포함)으로부터 증여받은 가액의 합계가 1천만원 이상일 때에는 이를 합산하여 과세합니다. 단, 창업자금·가업승계 주식 등 특례세율 적용재산은 다른 일반 증여재산과 합산하지 않습니다.

■ 세대생략 증여에 대한 할증과세

- 할아버지가 아버지를 건너뛰어 손자에게 증여하는 것과 같이 한 세대를 생략하고 증여를 하는 경우에는 산출세액의 30%(손자가 미성년자이면서 증여재산가액이 20억원 초과하는 경우 40%)를 가산합니다.

5 증여세의 각종 특례

■ 창업자금 사전상속 특례(50억원 한도*)

- **60세 이상의 부모가 18세 이상의 자녀에게 창업자금을 증여 하는 경우**
  - 5억원 공제 후 10%의 세율로 과세하고 상속 시 기본세율로 다시 정산
    * 창업을 통하여 10명 이상 신규 고용 시 100억원 한도

■ 가업승계 주식 등 증여세 사전상속 특례(600억원 한도)

- **60세 이상의 부모가 10년 이상 영위한 중소기업 주식 등을 18세 이상의 자녀 또는 그 배우자 1인에게 증여하는 경우**
  - 10억원 공제 후 10%(과세표준 60억원 초과분에 대해서는 20%)의 세율로 과세하고 상속 시 기본세율로 다시 정산, 상속시 가업승계요건 충족 시 상속세 부담완화

6 증여세의 신고·납부

증여를 받은 사람이 증여재산의 취득일(등기를 요하는 경우는 등기접수일)이 속하는 달의 말일부터 3개월 이내 증여받은 사람의 주소지 관할세무서에 신고·납부해야 하며, 이 기한 내에 신고하면 납부할 세금의 3%를 공제해 줍니다.

• 신고 시 제출서류 : 증여세 과세표준 및 자진납부 계산서, 가족관계등록부 및 주민등록등본, 증여 재산 및 평가명세서, 관련 증빙서류(행정정보 공동이용 가능 시 제출 생략)

상속세 계산 절차

상속재산가액

총상속재산가액	•본래의 상속재산(사망·유증·사인증여 취득재산) •간주상속재산(보험금, 신탁재산, 퇴직금 등) •추정상속재산(사망전 1년내 2억원, 2년내 5억원 이상으로 용도 불분명 처분재산·채무부담액)
⊖ 과세제외 재산	•비과세 재산(금양임야·문화재 등) •과세가액 불산입재산(공익법인 출연재산 등)

과세가액

⊖ ①공과금	②장례비	③채무
⊕ •합산대상 사전증여재산(상속인 10년, 기타 5년)		
상속세 과세가액		

과세표준

⊖ 상속공제 ⊖ 감정평가수수료	•(기초공제+기타인적공제)와 일괄공제(5억) 중 큰 금액 •배우자공제(5억~30억) •가업(영농)상속공제 •금융재산 상속공제 •동거주택 상속공제(주택가액*100%, 6억한도) *단, 위 합계 중 공제적용 종합한도내 금액만 공제 가능
상속세 과세표준	

산출세액

⊗ 세율	•10%~50%의 5단계 누진세율
상속세 산출세액	⊕ 세대생략상속 할증(30%) 세액 (미성년자 20억원 초과시 40%)

결정세액

⊖ ①징수유예	②증여 세액공제	③외국납부 세액공제	④단기재상속 세액공제	⑤신고 세액공제
상속세 결정세액				

총결정세액

⊕ 신고·납부불성실가산세		
총결정세액	⊖ 연부연납·물납·분납·신고납부	⊜ 자진납부(고지)세액

증여세 계산 절차

증여재산가액

- 국내외 모든 증여재산으로 증여일 현재의 시가로 평가.
  단, 시가 산정이 어려우면 보충적 평가방법으로 평가

−

증여세과세가액 불산입재산 등

- 비과세 : 사회통념상 인정되는 피부양자의 생활비, 교육비 등
- 과세가액 불산입재산 : 공익법인 등에 출연한 재산 등

−

채무부담액

- 증여재산에 담보된 채무인수액(증여재산 관련 임대보증금 포함)

↓

증여세과세가액

+

10년 이내 증여재산가산액

- 당해 증여 전 동일인으로부터 10년 이내에 증여받은 재산의 과세가액 합계액이 1천만원 이상인 경우 그 과세가액을 가산

  *동일인 : 증여자가 직계존속인 경우 그 배우자 포함

−

증여공제
• 증여재산공제
• 재해손실공제

증여자	배우자	직계존속	기타친족	기타
공제한도액	6억원	5천만원(미성년자 2천만원)	1천만원	없음

*위 증여재산공제 한도는 10년간의 누계한도액임.

- 증여세 신고기한 이내에 재난으로 멸실·훼손된 경우 그 손실가액을 공제

−

감정평가 수수료 등

- 부동산 감정평가업자의 수수료는 5백만원 한도
- 신용평가전문기관의 수수료(평가기관 수별로 1천만원 한도)

↓

증여세 과세표준

- 일반 : 증여재산 − 증여공제(증여재산공제·재해손실공제) − 감정평가수수료 등
- 명의신탁 : 신탁재산 − 감정평가수수료 등
- 합산배제 : 증여재산 − 3천만원 − 감정평가수수료 등

×

세율

과세표준	1억원 이하	5억원 이하	10억원 이하	30억원 이하	30억원 초과
세율	10%	20%	30%	40%	50%
누진공제액	없음	1천만원	6천만원	1억6천만원	4억6천만원

↓

산출세액

- (증여세 과세표준×세율)−누진공제액

+

세대생략 할증세액

- 수증자가 증여자의 자녀가 아닌 직계비속이면 할증함(30%). 단, 직계비속의 사망으로 최근친 직계비속에 증여하는 경우에는 제외(수증자가 미성년자인 경우 20억원 초과시 40%)

−

세액공제+감면세액

- 신고세액공제(3%), 외국납부세액공제, 기납부세액공제

↓

자진납부할 세액

상속개시 시 필요한 서류 및 절차

1 절차관련

「상속세법」 제67조에 따라 사망일이 속하는 달의 말일로부터 6개월 이내에 피상속인의 주소지인 납세지 관할세무서장에게 신고. 상속세 신고 기한 이내에 무신고 시에는 자녀공제 및 연로자공제, 장애인공제, 미성년자공제와 같은 인적공제는 배제되고 일괄공제 5억원만(배우자공제별도) 인정. 또한 상속세 미신고시, 부정무신고인 경우에는 신고불성실가산세 40%를, 일반 무신고인 경우에는 납부세액의 20%의 가산세가 부과. 향후 추징세액이 발생하는 경우 납부불성실가산세 2.2/10,000(연리 8.03%)를 추가적으로 부과. 따라서 가능한 상속세 전문가에게 의뢰를 하여 사전증여 등 쟁점사항을 검토하여 정확하게 신고를 하는 것이 중요.

- 정부3.0 안심상속 원스톱서비스를 이용. 가까운 주민센터 통합신청하여 모든 재산조회
- 사전증여재산내역(국세청홈택스이용)
- 배우자공제 및 향후 재차상속을 고려하여 상속인간 협의분할(세무사결정)
- 부동산등기 등 협의분할에 따라 상속등기(6개월 이내 취득세 신고납부)
- 상속재산평가 및 상속세신고(6개월 이내)
- 상속세조사 및 결정(경정)

2 필요서류

- 사망진단서
- 가족관계증명서(제적증명서)
- 재산조회내역(정부 3.0 안심상속 활용)
- 재산협의분할서(세부담 고려 세무사 작성)
- 사전증여세신고서 조회(국세청 홈택스)
- 상속개시일전 10년 이내 금융자료내역서 출력

3 상속세신고시 주요업무

- 상속재산 및 채무 분석
- 금융재산 10년간 분석 및 대응방안 검토
- 재산협의분할서 작성(향후상속고려)
- 상속세신고 및 사전증여재산합산 후 신고서 작성
- 상속세조사대리 약 3개월~6개월(과세관청 조사대응)
- 조세불복(조세심판원)

4 상속재산 리스트 체크 목록

재산항목	평가방법	해당여부
아파트	매매사례가액(당해재산의 감정가액 우선적용)	
상가	국세청 감정가액	
토지	개별공시지가(나대지 감정가액)	
단독주택	단독주택공시가격 또는 감정가액	
예금	잔고증명서 조회	
가상자산	상속개시 1개월 전 · 후 평균가격	
상장주식	상속개시 2개월 전 · 후 평균가격	
비상장주식	순자산가치, 순이익가치 3년 가중평균	
명의신탁주식	순자산가치, 순이익가치 3년 가중평균	
골프회원권	매매사례가액	
콘도회원권	매매사례가액	
차량, 선박 등	시가표준액	
서화, 골동품	MAX(둘 이상 감정평가액 또는 감정평가심의위원회)	
사전증여재산	증여시 과세표준	
생활비	규모에 따라 사전증여과세	
사전처분재산	증여혐의 검증	
사전인출재산	상속재산 추정 또는 과세관청 입증	

* 위의 평가방법은 시가가 원칙이고, 시가가 없는 경우 감정가액 또는 기준시가를 적용하게 됩니다. 위의 예시는 시가가 없는 경우 일반적으로 신고할 때 적용되는 평가방법을 나타낸 것입니다. 상속세가 나오지 않는다면 감정을 활용하여 취득가액을 높여서 신고하는 것이 절세에 도움이 됩니다.

상속세 12가지 절세원칙

목차	주요 내용
1 상속추정규정 주의	피상속인이 상속개시일 전 1년 내에 2억원(2년 내 5억원) 이상의 재산을 처분 또는 채무를 부담한 경우로서 그 용도가 불명확한 경우 입증된 금액을 제외하고는 상속인이 상속받은 것으로 추정한다. 따라서 억울한 세금을 물지 않기 위해서는 위 기간과 금액을 고려하여 그 자금 사용 용도와 증거서류를 확보하여야 한다.
2 배우자공제등의 활용	협의분할제도를 활용하여 배우자가 상속을 받으면 민법상 지분을 한도로 30억까지 배우자상속 공제액을 늘릴 수 있다. 배우자에게 최대한 금융재산을 상속하여 상속세 재원으로 활용한다. 상속세를 대신납부하는 것은 증여세에 해당하지 않는다.
3 명의신탁주식의 정리	명의신탁주식을 사전에 정리한다. 상속분쟁을 대비하여 명의신탁주식을 환원하는 경우 여러 가지 입증서류를 완벽히 갖추어야 한다.
4 사전증여재산 검토	상속개시일로부터 10년 이내 금융자료는 확인하여 사전증여여부를 검토한다. 계좌이체내역이 확인되는 경우 채권관계, 또는 증여사실을 소명하여야 한다.
5 채무비용등의 입증	피상속인이 부담한 채무는 원칙적으로 공제된다. 다만, 객관적인 증빙 자료(금융기관 외의 경우에는 채무부담계약서, 채권자 확인서, 담보 설정 및 이자 지급 증빙 등)를 갖추어야 한다. 병원비, 장례비용 등의 영수증을 갖추어야 한다. 피상속인이 회사를 운영하는 경우 가지급금도 채무비용에 해당된다.
6 재산평가방법에 유의	상속재산이나 증여재산의 평가는 상속개시일이나 증여일 현재의 시가로 한다. 그러나 시가 산정이 어려운 경우 토지는 공시지가로, 건물은 국세청장이 고시한 가격을 기준으로 한다. 다만, 아파트는 매매사례가액으로 과세되는 경우가 많으므로 가장 유리한 매매사례가액을 찾아야 한다. 매매사례가액이 지나치게 높다면 2군데 이상의 감정을 통해 시가를 확인해보는 것도 필요하다(일정이하금액 1군데 감정평가인정).

목차	주요 내용
7 사업자의 매출 누락여부 검토	개인사업자 또는 법인사업자가 매출누락하여 개인통장으로 관리되는 경우 상속세 이외에, 부가가치세 및 소득세 등이 과세될수 있으니 유의하여야 한다.
8 상속재산평가의 의사결정	상속세가 과세되지 않더라도 매매사례가액을 활용하여 상속세신고를 하게 되면 향후 양도 시 높은가액으로 취득가액을 인정받을 수 있다. 기준시가로 신고하게 되면 상속개시 시점으로 소급감정하여 매매사례가액을 인정받아야 되는 어려운 문제가 발생한다.
9 저평가 자산의 사전증여	현행 상속세 및 증여세법에 따라 상속개시일 전 10년 이내의 증여재산은 상속재산에 가산된다. 반면 10년이 경과한 경우 정당한 것으로 인정되어 증여재산 공제 범위액 안에서 증여한 경우 상속세와 증여세를 동시에 해결할 수 있다. 성장가치가 있는 회사의 지분증여, 부동산 증여를 통한 소득원의 창출 등을 활용한다.
10 가업상속공제 선택여부	가업상속공제요건 및 사후관리 요건이 상당히 까다롭기 때문에 자녀에게 회사를 승계 시 회사의 분할, 신설법인의 설립 등 다른 대안을 선행적으로 검토한 후 가업상속공제를 고려한다. 또한 가업상속공제 적용시 명의신탁주식의 반환은 반드시 해결하여야 한다.
11 반드시 신고	상속세는 상속개시일이 속한 달의 말일로부터 6개월(증여세는 3개월) 내에 관할 세무서에 신고해야 한다. 신고가 제대로 된 경우에는 산출세액의 3%를 세액공제한다. 한편, 상속세 등을 금전으로 납부하기 곤란할 때에는 연부연납이나 물납 방법을 이용할 수 있다. 단 상속세나 증여세는 신고로 끝나는 것이 아니고 추후 조사를 통하여 확정하게 된다.
12 상속세재원확보	기업의 대표이사나 부동산자산가들인 경우 상속제 재원을 확보하지 못하는 경우 목적물을 처분하여야 한다. 상속세 재원을 확보하는 방법을 검토하되 상속세 재원이 상속세에 포함되지 않는 금융상품을 찾아야 한다.

현직 세무사가 알려주는

상속 · 증여 국세청 과세사례

I

정글같은 삶속에서 벌어지는 상속증여 세금전쟁 이야기

상속증여의 핵심비법 문답사례

1 아버지가 돌아가신 경우 상속세 신고는 반드시 하여야 하나? 상속세 신고를 하지 않고 두는 경우 불이익은?

무조건 신고하는 것이 유리하다. 왜냐하면 상속세 면세점이라도 감정평가 등을 활용하여 신고하면 향후 상속재산 매도 시 평가액을 취득가액으로 인정받을 수 있다. 일반적으로 피상속인(아버지)이 국내 거주자인 경우 국내외 모든 상속재산에 대해 상속세 신고납부 의무가 있다. 과세방법은 피상속인의 유산총액(Estate Type)과 10년 이내 사전증여재산을 합산하여 누진세율로 과세한다. 우리나라는 「상속세법」 제67조에 따라 사망일이 속하는 달의 말일로부터 6개월 이내에 피상속인의 주소지인 납세지 관할세무서장에게 신고하여야 한다. ①상속세 무신고시에는 자녀공제 및 연로자공제, 장애인공제, 미성년자공제와 같은 인적공제는 각각 계산할 수 없고 일괄공제 5억원과 배우자공제만 인정되며 일반적으로 납부세액의 20%의 신고불성실가산세가 부과된다. ②상속재산 검토 중 사전증여가 적출되는 경우 사전증여에 대한 신고불성실가산세 및 납부불성실가산세가 각각 발생이 되며 이외에도 상속재산에 합산미신고 과소신고가산세 10%가 별도로 발생한다. 납부불성실가산세는 1일당 2.2/10,000(2025년 기준 국세청고시이자율)이다. 따라서 가능한 상속세 전문가에게 의뢰를 하여 사전증여 등 쟁점사항을 검토하여 정확하게 신고를 하는 것이 중요하다.

2 아버지가 돌아가신 경우 아버지 금융재산 및 부동산 등을 어떻게 조회하여야 하나?

〈정부3.0 안심상속 원스톱서비스〉를 이용하면 된다. 가까운 주민센터에서 한 번에 통합 신청하는 제도로 2015년 6월 30일부터 전국에 시행하고 있다. 안심상속 원스톱서비스는 피상속인의 사망신고 시 금융재산 · 토지소유내역 · 자동차소유내역 · 국민연금 · 공무원연금 · 사립학교교직원연금 가입유무, 국세 체납세액 · 납기미도래 고지세액 · 환급세액, 지방세 체납 · 결손 · 납기미도래 고지세액 · 환급세액 내역을 제공한다. ①상속인이 직접 신청하는 경우 피상속인의 사망진단서 원본, 가족관계증명서, 상속인 신분증이 필요하다. 대리인이 신청하는 경우 상속인의 위임장 및 인감증명서가 추가적으로 필요하다. ②이외에도 세무대리인들이 사전금융재산을 분석하기 위하여 은행에 가서 상속개시일 현재 잔액 증명서 이외에도 10년간 금융거래내역을 출력하거나 엑셀로 다운받아 제출하여야 한다.

3 사전증여를 먼저 하게 되면 상속공제가 줄어들 수 있나?

줄어들 수 있다. 상속공제한도는 상속시 상속재산이다. 상속공제한도 산정시 차감하는 금액은 ①선순위 상속인이 아닌자에게 유증 또는 사인증여한 금액 ②선순위의 상속인들의 상속포기로 그 다음 순위 상속인이 받은 상속재산가액 ③상속세과세가액에 가산한 사전증여재산가액이다. 상속세과세가액에서 차감하는 사전증여재산가액은 증여재산공제한도가 아닌 실제 증여재산공제를 받은 금액을 차감한 증여세 과세표준을 의미하는 것이다(심사-상속-2023-0001). ④예를 들어 피상속인 아버지가 돌아가시기 전에 총재산 7억원 중 자녀에게 사전증여 4억원 행위가 있었다면 상속세 신고 시 10년 이내 사전증여재산은 상속재산과 합산하여 신고를 하게 되고 상속공제 기본 10억원을 받을 수 있다. 그러나 상속공제한도 계산시 자녀 사전증여재산가액(4억원-자녀공제 5천만원) 과세표준 3억5천만원을 차감하여 계산하게 되므로 상속재산 7억원에서 상속공제는 6.5억원(10억원-3.5억원)만 받을 수 있다. 결국 상속세를 부담하여야 한다. 따라서 사전증여가 무조건 유리한 것이 아니다. 상속재산의 규모에 따라 사전증여여부의 유불리가 달라지게 된다.

4 상속재산분할청구소송이란 무엇인가?

최근 상속인간의 분쟁으로 상속재산 분할청구소송이 매년 수천 건 발생한다. 대법원 판례(대법원 2016. 5. 4. 자 2014스122 결정)에 따르면 ①금전채권과 같이 급부의 내용이 가분인 채권은 공동상속되는 경우 상속개시와 동시에 당연히 법정상속분에 따라 공동상속인들에게 분할되어 귀속되므로 상속재산분할의 대상이 될 수 없는 것이 원칙이다. ②그러나 가분채권을 일률적으로 상속재산분할의 대상에서 제외하면 공동상속인들 사이의 공평을 해하게 되는 부당한 결과가 발생하는 특별한 사정이 있는 때는, 상속재산분할을 통하여 공동상속인들 사이에 형평을 기할 필요가 있으므로 가분채권도 예외적으로 상속재산분할의 대상이 될 수 있다. ③구체적 상속분이란 공동상속인 중 일부의 수증재산과 기여분을 참작해 법정상속분을 수정한 것으로서 분할대상 상속재산에 대한 상속인별 몫을 뜻하고, 상속개시시를 기준으로 정해진다. ④공동상속인 중 1인이 재산세 등을 납부한 경우, 상속재산분할 절차에서 이를 고려하지 않았더라도 여전히 다른 공동상속인들에게 구상권을 행사할 수 있다.

5 상속분쟁이 발생한 경우 배우자상속공제 한도는 어떻게 계산하나?

「상증법」 제19조에 따르면 배우자가 실제로 상속받은 재산에 대해서는 최소 5억 원에서 최대 30억 원까지 공제를 받을 수 있다. 만약에 피상속인이 상속재산 50억 및 부채 10억 원을 승계하였고 상속인이 배우자와 자녀 1명이라면 순상속재산 40억(상속재산-채무) 곱하기 법정지분 60%(민법상지분 1.5/2.5)이므로 배우자공제는 24억까지만 된다. 무조건 30억까지 공제가 되는 것이 아니라 배우자의 민법상 법정지분을 한도로 한다. 그러나 다음과 같은 전제조건이 있다. ①배우자는 무조건 법률혼이라야 한다. 사실혼은 인정되지 않는다. ②배우자 상속공제를 적용받기 위한 배우자상속재산 분할기한은 상속세과세표준 신고기한의 다음 날부터 9개월까지이며, 등기 · 등록 · 명의개서 등을 요하는 재산의 경우에는 이 날까지 배우자 명의로 반드시 등기 · 등록 · 명의개서 등을 하여야 배우자가 실제로 상속받은 재산을 상속공제받을 수 있다(집행기준 19-17-4 배우자 상속재산 분할기한) ③상속인간의 상속재산에 대한 다툼이 발생하여 상속인 등이 상속재산에 대하여 상속회복청구의 소를 제기하거나 상속재산 분할 심판을 청구하여 상속세 신고기한으로부터 9개월까지 부득이한 사유로 협의가 이루어지지 않은 경우에는 배우자상속재산분할기한까지 「배우자 상속재산 미분할신고서」를 제출하여야 하여야 한다. 배우자 상속재산 미분할신고서를 제출하였다면 소송이 종료되고 6개월까지 경정청구를 할 수 있으나, 제때 신청서를 접수하지 않은 경우에는 기본적인 절차상 하자라서 추후에 별도로 배우자상속공제를 적용할 수 없다(집행기준 19-17-5 배우자 상속재산 분할기한 연장). 한편 배우자가 배우자공제를 받은 상속재산으로 다른 상속인의 상속세를 대납하여 주어도 추가적인 증여세 문제는 발생하지 않는다(서면 4팀-2005, 2004.12.9.).

6 부모가 동시에 사망한 경우 배우자공제는 가능한가?

가능할 수도 불가능할 수도 있다. ① 부모가 동시에 사망한 경우에는 상속세의 과세는 부와 모의 상속재산에 대해 각각 개별로 계산하여 과세하며, 이 경우 배우자상속공제는 적용되지 않는다.② 부모가 시차를 두고 같은 날에 사망한 경우에는 상속세의 과세는 부와 모의 재산을 각각 개별로 계산하여 과세하되 먼저 사망한 자의 상속세 계산 시 배우자 상속공제를 적용하고, 나중에 사망한 자의 상속세 과세가액에는 먼저 사망한 자의 상속재산 중 그의 지분을 합산하고 단기재상속에 대한 세액공제를 한다(집행기준 19-17-6 부부가 같은 날에 사망한 경우 배우자 상속공제).

7 상속세 계산 시 받을 수 있는 무주택자인 상속인 상속공제는?

상황에 따라 다양하다. ①동거주택 상속공제는 피상속인과 상속인(직계비속)이 상속개시일부터 소급하여 10년 이상 계속하여 동거하고, 1세대 1주택 요건을 충족한 경우 최대 6억 원까지 상속주택가액을 공제받을 수 있다.②금융재산 상속공제는 금융부채를 제외한 순금융재산의 20%(2억원 한도)로 가능하다. 금융재산은 금융기관이 취급하는 예금, 보험금, 주식, 채권, 비상장주식, 출자지분 등이 포함된다. 단, 현금, 최대주주 · 최대출자자가 보유한 주식, 대표이사의 가수금채권, 상속세 신고기한까지 신고하지 않은 타인 명의 금융재산, 근로자퇴직급여보장법에 따른 퇴직연금, 군인공제회 · 교직원공제회 예치금 등은 공제대상에서 제외된다.③영농상속공제는 상속세 과세가액에서 영농상속 재산가액(최대 30억원)을 공제한다. 조건은 피상속인은 상속개시일 8년 전부터 직접 영농에 종사해야 하고 상속인은 상속개시일 2년 전부터 직접 영농에 종사하며 피상속인과 동일한 지역에 거주하여야 한다. ④가업상속공제는 피상속인이 10년 이상 경영한 기업을 상속인에게 정상적으로 승계하면 최대 600억원까지 상속공제를 받을 수 있다. 피상속인은 10년 이상 계속 경영한 중소기업 또는 중견기업이어야 하며, 상속개시일 직전 3개 사업연도 평균 매출액이 5,000억원 미만이어야 한다. 상속인은 18세 이상, 상속개시일 전 2년 이상 가업에 종사해야 하며, 대표이사 취임 등 추가 요건도 충족해야 하며 가업상속재산은 사업용 자산이어야 하며, 사업무관자산은 제외된다(업무무관비율 계산).⑤이외에도 실제 제사를 주재하는 자가 상속으로 인하여 승계한 피상속인의 선조의 분묘에 속한 9,900제곱미터 이내의 금양임야와 분묘에 속한 1,980제곱미터 이내의 묘토인 농지(2억원을 한도)는 상속세과세가액에 산입하지 아니한다(상증법 제12조 3호).

8 피상속인이 모든 재산을 사전증여하여 특정자녀(손녀)에게 물려준 경우, 재산을 전혀 물려받지 못한 상속인들도 법정유류분 청구권을 행사할 수 있나?

결론적으로 가능하다. 가장 중요한 것은 소송의 상대방에게 증여한 재산을 찾는 것이 중요하고, 증여재산가액을 기준으로 유류분 기초 재산을 산정하고 유류분반환청구권을 행사할 수 있다. 상속세 및 증여세 신고내역 · 부동산의 등기원인 확인 · 금융거래내역 사실조회를 통하여 추정할 수 있다. 재산을 평가할 때는 피상속인(망자)가 사망한 당시 가액이 기준이 된다. ①유류분 청구소송의 시효는 피상속인이 사망한 사실, 유증이나 증여가 있었다는 사실, 그것이 반환의 대상이 된다는 사실 모두를 안 시점으로부터 1년이 지난 시점이나 ②피상속인이 사망한 때로부터 10년이 지난 시점 중 먼저 도래한 시점이 지나면 행사하여야 한다. 특히 유류분 반환 상속인(청구인)이 피상속인 생전 증여가 있었다는 사실을 안다면, 반드시 피상속인 사망 사실을 안 뒤 1년 안에 청구권을 행사해야 한다. ④「민법」 제1114조에 따르면 피상속인이 사망하기 1년 이내에 제3자에게 증여한 재산은 유류분반환청구

대상이 된다. 그러나 1년이 넘는 기간 전에 이루어진 증여는 원칙적으로 유류분 반환 대상이 안된다. 하지만 피상속인이 대부분의 재산을 특정 제3자에게 증여하여 다른 상속인의 권리를 침해한 경우 예외적으로 반환청구가 가능하다. 법원은 이러한 경우 증여가 유류분 권리자에게 손해를 가할 의도로 피상속인이 실질 상속인에게 직접 사전증여한 것과 다르지 않을 경우에 상속인에 대한 특별수익으로 고려되어 유류분 청구소송이 될 수 있다(대법원 2007.8.28. 2006스 3,4 결정).

9 피상속인의 암투병으로 인하여 금융재산을 사망 전 미리 배우자에게 이전한 경우에 문제가 없는가?

반드시 문제가 발생한다. 먼저 배우자공제가 축소된다. 배우자공제는 상속재산에서만 해당되기 때문에 사전증여재산은 제외가 된다. ①만약에 배우자에게 이전된 금융재산이 10억원이라면 배우자증여공제 6억원을 제외한 금액 4억원이 상속배우자공제에서 차감된다(증여세과세표준 초과액은 제외) ②이외에도 사전증여재산이 배우자공제 6억원을 초과한다면 증여세 및 가산세까지 부담해야한다. ③배우자에게 이전된 증여재산은 금융재산공제를 받을 수 없다. ④배우자에게 병원비 등 사용목적으로 계좌를 옮겨둔 경우에는 상속전문세무사와 상담하여 차명계좌 등으로 인정받을 수 있는지를 검토하여야 한다(대법원 2007.8.28.자 2006스 3,4 결정). 차명계좌로 상속재산에 포함하여 신고를 한다면 배우자공제 및 금융재산공제 혜택을 받을 수 있다.

10 상속세 세무조사 시 피상속인이 인출한 거액의 현금, 상속인이 사용처를 알 수 없어도 상속세가 과세될 수 있나?

과세된다. 현행 「상증법」 제15조에서는 상속개시전 2년 이내에 인출 또는 처분한 금액이 일정금액(1년이내 2억원, 2년이내 5억원)을 초과한다면 최종 소명하지 못한 금액은 상속재산으로 추정하게 된다. ①만약에 상속인들이 현금을 인출하여 병원비로 사용했다거나 민간치료비용 등으로 사용했다면, 향후 상속세 세무조사시 사용처 소명을 위하여 입증자료를 준비하여야 한다. ②만약 2년 이내 총인출재산이나 처분재산에 대하여 충분한 소명이 이루어지지 않으면 최종 미소명금액에 20% 또는 2억원 중 작은 금액을 차감하고 미소명금액을 상속재산 추정으로 보아 과세한다(가산세 포함). ③실무사례에서는 수십억원의 현금이 상속개시전 2년 이내에 인출이 되었지만 상속인들이 소명하지 못하여 상속세를 추가적으로 납부하는 경우를 많이 보게 된다. ④2년 이내 인출 및 처분재산에 대한 소명의 입증책임은 납세자에게 있다.

11 아버지가 어머니를 상처하고 오랫동안 만나온 사실혼 관계의 여성에게 포괄적 유증을 한 경우에 상속권이 인정되나?

가능하다. 「민법」 제1003조 1항에 따르면, 사실혼 배우자의 상속권은 인정되지 않는다. ①사실혼 관계 자체만을 부분적으로 인정하고 있어 사실혼 부부가 사실혼을 파기할 때에(즉, 이혼할 때) 재산분할청구권을 인정하고 있을 뿐이다(대법원 1991. 4. 26. 선고 90누6897 판결). ②그러나 사실혼 배우자가 피상속인의 상속재산을 받기 위해서는 혼인이나 사전증여, 유증을 하게 되면 가능하다. 피상속인이 사후에 피상속인의 재산 일부를 사실혼 배우자에게 준다는 유증을 한 경우에는 유증의 수증자는 상속인과 법적 지위가 동일하다. ③유증을 받지 못한 자녀들은 유류분청구소송만 가능하다. ④한편 사실혼 배우자는 법률혼이 아니므로 배우자공제는 불가능하다. ⑤사망당시 피상속인이 사실혼 배우자에게 유증한 사실을 몰랐다면 상속인들은 자신의 상속권을 침해받은 것을 안 날로부터 3년 이내에 청구권을 행사하여야 한다.

12 위장이혼으로 재산분할이 된 경우 증여세가 과세되나?

위장이혼일 경우 재산허위분할에 해당이 되어 증여세가 과세된다. ①「민법」 제839조의2에 따르면 부부가 혼인 중 공동으로 형성한 재산에 대해서는 기여도에 따라 공정하게 나누도록 규정하고 있다. 이혼재산분할은 부부재산관계의 청산절차로 증여세 과세대상이 아니다(대법원 1998.2.13.선고96누14401).② 하지만 이혼재산분할이 민법상 재산분할 규정의 취지에 반하여 상당하다고 할 수 없을 정도로 과대하고, 상속세나 증여세 등 조세를 회피하기 위한 수단에 불과해 그 실질이 증여라고 평가할 만한 특별한 사정이 있는 경우에는 그 상당한 부분을 초과하는 부분에 한해 증여세 과세대상이 될 수 있다.

13 상속재산은 무조건 감정평가하여 신고하여야 하나?

대부분 그렇다. 매매가 활발히 일어나는 ①아파트인 경우에는 상속개시일 현재 가장 가까운날의 매매사례가액으로 신고를 하거나 당해 아파트를 감정평가하여 신고하면 된다. ②하지만 매매가 빈번히 일어나지 않는 단독주택 · 상가 · 나대지 · 농지 등에 대해서는 일정 이상 규모인 경우에는 감정평가를 하여야 한다. ③법인이 토지 등 부동산을 보유하고 있다면 역시 감정평가를 하여 비상장주식 평가를 하도록 국세청 「상증법」 사무처리규정 제72조(2025.6.11.)가 변경되었다. ④ 상속재산이 일정 규모 이하인 경우에는 사전감정을 적극적으로 활용하여 향후 상속재산을 매각할때 양도소득세를 줄이도록 하여야 한다. 국세청은 감정평가예산에 따라 일정 규모 이상 부동산만을 감정평가하고 있으므로 세무전문가와 신고전 의사결정을 하여야 한다. 기준시가로 신고를 하여 국세청이 해당자산에 감정평가를 하기로 결정하는 경우에는 사전에 납세자가 감정평가를 한 금액보다 일반적으로 높게 결정이 된다.

14 상속받은 주택과 기존의 주택은 양도소득세가 어떻게 과세되나?

각각 계산한다. ①상속개시일 전 1주택을 보유한 별도 세대인 1세대가 상속주택을 취득한 후, 기존 주택을 먼저 양도하면 1세대 1주택 비과세 요건(2년 이상 보유 등)을 충족하면 비과세 특례가 적용된다(소득세법시행령 155조 제2항). ②상속주택을 5년이내 먼저 양도하면 양도소득세 세율 적용은 피상속인이 취득한 시점부터 계산하여 일반세율이 적용되며, 장기보유특별공제는 상속인이 취득한 시점부터 계산한다. 상속주택만 남았을 때 2년 이상 보유(조정지역은 2년 거주)하면 비과세 특례가 적용된다. ③주의할 점은 상속개시 후 6개월이내 상속주택을 매각시 매각가액을 상속재산으로 재계산한다. 따라서 양도가액과 취득가액이 같아져 양도소득세는 없지만 상속세가 증가하게 된다. ④집을 상속해준 부모님과 상속 받은 자식이 같이 살고 있다면 통상 상속받은 주택은 상속주택으로 인정받지 못한다. 1가구 2주택으로 보기 때문에 기간에 제약이 없는 상속주택을 통한 비과세 혜택을 받기 어렵다. 단 경제적 독립으로 각각 동거를 하였다면 상속주택 혜택을 받을 수 있다(심사-양도 2021-0086-2022.02.23.).⑤ 둘 이상의 상속주택을 상속받는 경우에는 상속주택 비과세 특례적용은 피상속인이 소유한 기간이 가장 긴 주택 1주택만을 말한다(소득세법시행령 155조 제3항). ⑥ 상속주택을 여러명의 상속인이 공동소유하는 경우에는 가장 큰 지분을 가진 상속인, 동일 지분을 각각 상속한다면 상속주택에 거주하는자, 연장자순이 공동상속주택을 소유한 것으로 본다(소득세법시행령 155조 제3항).

15 피상속인이 사망하여 상속인이 받은 생명보험금도 상속재산에 포함되나, 만약에 아버지가 빚이 많아 상속포기를 하는 경우 사망보험금을 유가족이 가지고 갈 수 있나?

당연히 상속재산으로 간주되어 과세한다. 생명보험청구권은 민법상 상속재산이 아니다. 하지만 세법상 간주상속재산이다(상증법 제34조). 상속인이 민법상 상속포기를 하는 경우에는 생명보험청구권은 제외된다. 결론적으로 상속포기만 하면 생명보험금은 유가족의 고유재산으로 가지고 갈 수 있다(대법원 2007. 11. 30. 선고 2005두5529 판결).

16 유언대용신탁으로 유언장을 대신하는 경우에는 유류분 청구소송이 가능한가?

가능하다. 우리나라는 「신탁법」 제59조 및 60조에 의하여 상법상 현금, 부동산, 유가증권은 유언대용신탁이 가능하다. ①유언대용신탁은 생전에 미래의 피상속인이 향후 상속인에게 재산을 조건부 또는 연속자 지정으로 받을 수 있게 법률적으로 설정한다는 측면에서 매우 유용하다. 단 유류분 청구소송에 대하여는 대항력이 없다. ②민법상 고유재산인 생명보험수익권은 유언대용신탁대상 자산이 아니다. 유언대용신탁을 설정하는 경우 유류분

청구소송을 방지하기 위하여 일방의 상속인에게 사전증여 등 재산분할을 하는 것이 좋다. 이와는 별도로 상속세 재원이 부적하면 유언대용신탁의 취지를 살릴 수가 없기에 생명보험을 활용하는 것이 유리하다.

17 보험과 신탁이 결합된 보험금청구신탁이 우리나라에도 있나?

있다. 우리나라는 보험금 관련 신탁 규정이 없어 신탁업자(은행, 보험회사, 증권사)들이 상품을 출시하지 못하다가, 관련 법령(자본시장법 시행령 제109조 제3항 제10호)을 정비함으로써 2024년 11월 12일부터 '보험금청구권신탁'이 가능해졌다. 보험계약자가 사망 시 지급될 보험금청구권을 신탁회사에 위탁하여, 유족이 안정적으로 자금을 수령하고 계획적으로 사용할 수 있도록 관리하는 제도이다. 보험금청구권신탁을 체결할 수 있는 사망보장은 종신보험이나 정기보험 등 사망 원인과 관계없이 지급되는 일반 사망보험금만 가능하고, 재해나 질병 등 특정 사망을 원인으로 지급되는 사망보장은 대상에서 제외된다. 보험금청구권신탁은 연속수익자 지정과 지급 방식의 사전 지정이 가능한 점을 이용해 다양한 경우를 대비할 수 있다. 낭비벽이 심한 자녀가 수령한 보험금을 한 번에 탕진할까 봐 우려된다면, 일정 연령에 이르기까지는 이자만 지급하는 방식도 가능하다.

18 자녀와 금전소비대차관계는 무조건 인정이 되는가?

자녀의 경제상황에 따라 될 수도 안될 수도 있다. ①특수관계자인의 자금대여 시 세법에 의하면 4.6%의 이자를 수수하여야 한다. 이론적으로 2.1억원을 부모가 빌려주고 이자를 받지 않더라도 연간 이자 무상금액(2.1억원*4.6%)이 1천만원 이하이므로 이자에 대한 증여세가 면제된다(상증법 제41조의4). ②하지만 일반적으로 특수관계자간의 자금대여 행위를 인정받기 위해서는 차용증, 이자 및 원금변제에 관한 객관적인 금융거래증빙, 담보설정내역, 채권자 확인서 등을 갖춰야 한다. ③이외에도 금전소비대차 계약서를 공증하는 것도 필수적이다.④ 자녀가 원금과 이자를 변제할 수 있는 경제소득이 없다면 차용관계를 부인당할 수 있다.

19 부동산 구입 등 자금출처조사는 어떠한 경우에 나오나?

소득보다 자산의 증가가 크거나, 미성년자 · 사회초년생 등 소득이 적은 경우, 또는 고액의 현금거래 등 세금 탈루 혐의가 있는 경우 선정된다. ①국세청은 PCI(소득지출분석) 시스템, 금융정보분석원(FIU) 자료, 신용카드 · 국토부 자료 등을 활용해 조사 대상을 선정한다. ②취득자금의 80% 또는 2억 원 중 적은 금액까지 입증해야 하며, 미입증 금액이 이 기준보다 적으면 증여추정으로 과세된다(상증법 제45조 제1항) ③소명자료로는 소득세 납세증명서, 사업소득원천징수영수증, 상속 또는 증여세 신고서, 부동산처분 매매계약서, 부채증명서, 임대차계약서 사본 등이 필요하며, 금융거래가 확인되는 통장사본 등도 제출해야 한다. ④가족 간 차입금은 차용증, 이자 지급 내역, 담보설정 등 구체적인 증빙이 필요하며 이자지급내역과 원금상환방법 등이 구체적으로 제시되어야 한다. ⑤고액의 전세계약이나 채무의 상환도 부동산구입과 같은 방식으로 자금출처조사가 진행될 수 있다. ⑥부부간 자금 거래는 원칙적으로 증여로 보지 않는다. 다만 〈사회 통념상 생활비〉라는 조건을 충족해야 한다. 매달 일정 금액을 특정일에 주는 경우는 생활비로 인정되지만, 사회통념상 벗어난 불규칙한 생활비 규모는 사전증여로 본다. ⑦ 상속재산에 합산하는 증여는 상속개시일전으로부터 10년간이며 부과제척기간도 10년이다. 하지만 증여세를 무신고한 경우에 부과체적기간은 15년이며, 50억 원 이상의 재산에 대해 부정행위로 증여세를 포탈한 경우 과세관청이 인지한 날부터 1년 이내에 부과할 수 있는 부과제척기간 특례가 적용된다. 따라서 증여세 부과제척기간은 금액과 신고여부, 부정행위 여부에 따라 다르므로, 고액 증여 시에는 특히 주의가 필요하다.

20 자녀가 사업하다 거액의 빚을 져 부모가 대신 갚아 주는 경우에도 증여세가 과세되는가?

갚아주는 방법에 따라 다르다. 「상증법」 제36조에 의하면 제3자로부터 채무의 인수 또는 변제를 받는 경우에는 그 면제, 인수 또는 변제를 받은 날을 증여일로 하여 그 면제 등으로 인한 이익에 상당하는 금액을 그 이익을 얻은 자의 증여재산가액으로 하도록 하고 있다. 단 「상증법」 제4조의2에서는 수증자가 증여세를 납부할 능력이 없다고 인정될 때에는 그에 상당하는 증여세의 전부 또는 일부를 면제한다고 규정하고 연대납세의무도 면제한다. 따라서 부모가 자녀에게 현금을 직접 증여하고 자녀가 그 빚을 갚는 경우에는 증여세가 면제되지 않고 증여자에게 연대납세의무가 발생되므로 반드시 부모가 자녀의 채권자에게 직접 갚아주어야 만 증여세를 납부할 능력이 없는 것으로 인정된다.

21 배우자나 직계존비속 간에 부동산을 매매한 경우 증여로 과세될 수 있나?

과세될 수 있다. 특수관계자간 유상양도에 대하여 「상증법」 제44조에 의하면 증여로 추정된다. 유상양도라는 반대 입증책임은 납세자에게 있으므로 대가지급의 명백성, 지급한 대가의 출처 등을 명확하여여야 한다. 또한 특수관계자간 유상거래를 시가보다 저가 또는 고가로 매매하는 경우에는 양도자에게는 양도소득세가, 매수자에게는 증여세가 양쪽으로 과세될 수 있으니 주의하여야 한다. 「상증법」 제35조에 의하여 시가와 대가의 차이가 30% 이상이거나 3억원 이상인 경우 증여세가 적용되며, 양도소득세는 시가와 대가의 차이가 5% 이상이거나 3억원 이상인 경우 적용된다.

22 조건부상속(부담부 상속) 이 가능한가?

가능하다. ①「민법」 제1088조에 따르면 조건부 유증을 받은 자는 유증 목적물의 가액을 초과하지 않는 범위에서 해당 의무를 이행할 책임을 지게 된다. ②예를 들어, "A 부동산을 자녀에게 주되, 피상속인의 배우자에게 매달 2백만원씩 생활비를 준다"라고 하는 부담부 유증이 대표적이다. 이러한 유증 방식은 유언자의 의사를 명확히 반영할 수 있는 수단으로, 단순한 자산 이전을 넘어 특정 목적이나 요구사항을 실현하는 데 활용된다. ③ 부담부 유증으로 받은 재산은 상속재산에 포함되며 부담부 유증을 받은 상속인이 이행해야할 채무는 상속채무로 공제할 수 없다. 부담부 유증은 상속재산을 분배하는 형태이기 때문이다.④ 부담부 유증을 받은 상속인이 조건을 이행하지 않으면 다른 공동상속인이 상속재산분할협의에 이의가 있으면 상속재산분할협의 무효확인의 소송을 한다. 상속회복 청구의 소송이기에 침해를 안 날로부터 3년, 그리고 행위일로부터 10년 안에만 소송을 제기를 할 수 있다.

23 계약금, 중도금 수령 후 사망 시 상속세 신고는?

상속세 신고 시 계약금, 중도금을 금융재산으로 신고하여야 한다. ①상속개시전에 피상속인이 부동산 매도계약을 체결하고 잔금을 영수하기 전에 사망한 경우에는 계약금과 중도금을 피상속인의 금융자산으로 상속세신고를 하여야하며, 잔금은 상속채권으로 신고하여야 한다. ② 한편 상속개시 전 피상속인이 주택의 매매계약을 체결하고 잔금을 영수하기 전에 사망한 경우 「상증법」 제23의 2의 규정에 따라 동거주택 상속공제를 적용할 수 있다(법규재산2011-110,2011.04.07). ③피상속인이 매도자인 경우 매매계약을 체결하고 잔금 수령 전에 사망한 경우로 이미 피상속인에게 귀속된 계약금과 중도금이 피상속인의 금융재산을 구성하고 있다면 금융재산상속공제 적용이 가능하다. 하지만 계약금, 중도금이 사용되거나 증여되었는지에 대한 검토는 과세관청이 하게 된다(상증집행 22-19-8). ④ 피상속인이 매수자인 경우 매매계약을 체결하고 잔금 지급 전에 사망한 경우로 이미 피상속인이 지급한 계약금과 중도금은 권리로 상속재산가액에 포함되는 것이므로 피상속인의 금융재산을 구성하는 것으로 보지 않아 금융재산상속공제 적용이 불가능하다.

24 가상화폐로 자녀들에게 자산을 이전하는 경우 상속세나 증여세를 피할 수 있나?

없다. 가상화폐 거래소는 지정된 금융계좌를 통해 출입을 통제한다. 거래소는 상속이 발생하면 피상속인의 지정된 금융계좌와 거래소의 가상화폐 보유내역을 국세청에 통보한다. ①상속 재산은 피상속인의 모든 재산, 즉 적극 재산과 소극 재산을 포함하는데, 가상화폐도 예외는 아니다. 상속이 발생하게 되면 피상속인이 보유한 가상화폐가 국세청에 보고된다. 거래소는 상속인의 신분증, 가족관계증명서 등 엄격한 서류를 요구하며, 망인이 남긴 정보가 부족할 경우 절차가 복잡해진다. 유언장에 가상화폐 정보를 상세히 기재해두는 것이 중요하다고 하다. 이 계획에는 자산 명세서, 안전한 지갑 접근 지침, 신뢰할 수 있는 집행자 등의 내용이 포함돼야 한다. ②국세청이 고시한 4대 거래소(업비트, 빗썸, 코빗, 코인원)에서 해당 기간(상속 · 증여일 전후 각 1개월) 동안 공시된 일평균가액을 모두 합산해 총일수로 나눈 평균값이 평가액이 된다.

25 해외비거주자의 국내재산이 있는 경우 상속세 신고는 하여야 하나

비거주자는 국내 소재 재산만 과세 대상이 된다. ①국내 거주자는 국내에 주소를 두거나, 1년 중 183일 이상 국내에 거소를 둔 자이며 비거주자는 거주자의 요건을 충족하지 않는 자이다. 〈사망 당시 피상속인〉의 신분이 한국 국적자라도 장기간 해외 거주라면 비거주자일 수 있고, 외국 국적자라도 한국에서 장기 체류하면 거주자가 된다. 실질 생활근거지가 중요하다. ②비거주자의 상속세 신고는 피상속인의 주소지 관할 세무서에 하여야 한다 또한 외국에 거주하는 상속인은 신고를 위해 국내에 대리인을 반드시 지정하여야 한다. ③피상속인이 비거주자인 경우에는 상속공제 중 배우자공제, 금융재산공제, 가업상속공제, 장례비용공제, 일괄공제등이 불가능하고 단지 기초공제(2억원)와 국내재산 감정평가수수료, 공과금과 채무만 공제가능하다. ④피상속인이 거주자일 경우 상속개시일이 속하는 달의 말일로부터 6개월 이내에 신고 · 납부해야 한다. 그러나 피상속인이 비거주자이거나 상속인 중 1명이라도 비거주자인 경우 상속개시일이 속한 달의 말일로부터 9개월 이내에 신고 · 납부하도록 규정하고 있다(상증법 제67조)

26 기업을 운영하는 CEO가 사망하게 되면 비상장주식 평가로 인하여 상속세가 어마어마하게 나올 수 있는데 기업의 자금을 활용하여 상속세 재원을 확보할 수 있나?

가능하다. 기업을 운영하고 있는 법인대표들은 인바운드 인슈런스(Inbound Tax Insurance)가 필요하다. 인바운드 인슈런스는 계약자 및 수익자를 법인으로 설정하고 피보험자를 대표이사로 설정하는 기업보험(ITI)이다. 법인 대표이사가 사망시 회사 경영권 유지

목적으로 자금을 사용할 수 있으며, 사망보험금이 포함된 비상장주식을 상속인들이 상속시 이익소각이나 감자를 통해 추가적인 세부담 없이 인바운드 보험을 환원할 수 있다. 이러한 환원자금은 상속세 재원으로 활용할 수 있어 오히려 기업경영의 존속성을 높인다.

27 과거 회사를 설립하면서 친구 및 친적에게 명의신탁한 주식을 어떻게 회수하여야 하는가? 회수하지 않으면 어떠한 문제가 발생하게 되는가?

반드시 회수하여야 한다. 명의수탁자가 사망하거나 체납되는 경우 명의신탁자의 재산권을 행사할 수 없는 경우가 많다. 명의신탁주식을 회수하여야만 권리를 확정하고 가업승계 및 지분이전 플랜을 계획할 수 있다. 명의신탁에 대한 입증책임은 납세자에게 있다. 따라서 명의신탁에 대한 증거서류 등을 확보하여 명의신탁주식을 환원하여야 한다. 상당히 까다롭고 난해한 영역이므로 반드시 세무전문가와 상담하여야 한다. 명의신탁주식으로 인정받지 못하면 이전된 주식전체에 대해 증여세가 과세된다.

28 가업상속공제를 받는 것이 반드시 유리한가?

반드시 유리하지는 않다. ①가업상속공제는 사업무관자산을 제외하고 일정요건에 해당된다면 개인기업, 법인기업(중소기업,중견기업) 모두 가능하다. ②가업상속공제요건은 피상속인요건, 상속인요건으로 구분되며, 가업상속공제가 이루어지는 경우 5년 이내 정당한 사유없이 사후관리요건을 위반하게 되면 상속세가 추징된다. ③예를 들면 고용유지조건, 지분처분요건, 업종변경요건을 위배한 경우이다. 가업상속 시 본래의 회사를 이전하는 것도 유리하지만, 사후관리요건이 까다로우므로 신설법인 설립이나 회사의 분할등을 통하여 본래의 회사의 가치를 자녀들에게 사전적으로 이전할 수 있는가를 고려하여야 한다.

29 부모의 부동산을 자녀들이 소유하고 있는 가족법인에게 증여할 경우 추가적인 과세문제는 어떤게 있나?

증여세가 추가적으로 과세된다. 2013.12.31 이전에는 결손금이 있는 자녀의 영리법인에게 부모가 특정재산을 증여하는 경우에는 자녀의 주식지분비율만큼 복구된 결손금만큼 자녀의 증여재산으로 과세하여 왔고, 결손금을 초과하는 금액은 법인세로 과세하여 왔다. ① 그러나 2014년부터는 「상증법」 제45조 5의 증여의제규정에 따라 영리흑자법인에게 부모가 증여하는 경우에 법인세 이외에 흑자법인의 주주인 배우자 및 직계존비속에게 증여세가 추가적으로 과세되므로 주의하도록 한다. ②단 추가적인 증여세는 주주지분별로 계산하여 매년 1억원이상인 경우이므로 반대로 활용여지도 있다.

현직 세무사가 알려주는

상속 · 증여 국세청 과세사례

Ⅱ

정글같은 삶속에서 벌어지는 상속증여 세금전쟁 이야기

상속 · 증여세 세무이슈

상속 및 증여세 주요항목

구분	세법상 제재
상속개시사유파악	• 피상속인의 10년이내 금융자료조사(암투병, 교통사고)
상속개시전 2년이내 인출자금	• 상속재산으로 추정, 반대입증은 상속인이 하여야함(병원비 등)
차명주식, 차명금융재산	• 명의신탁주식 및 차명금융재산조사(가업상속공제 부인)
퇴직금포기	• 상속재산으로 간주, 법인은 채무면제이익
가지급금	• 명확하지 않는 가지급금은 상속부채로 인정안됨
가수금	• 상속재산임과 동시에 가수금 자금출처조사로 법인매출누락여부조사
비상장주식평가	• 피상속인의 사망일 전 직전 3개년도 순손익가치 반영

상속세 재원의 활용

구분	주요 장단점
현금	• 과다한 금융재산의 보유는 부동산재산보다 평가에서 불리 • 현금확보를 위한 배당, 급여 등은 과다한 세금발생 • 금융재산공제액은 2억원이 한도
대출	• 대출을 위해서는 2개 이상의 감정평가법인의 감정필요 • 부동산 감정 등으로 시가평가 위험 • 대출이자의 지속적 발생
물납	• 물납의 제한성 • 물납시 경매·공매처분으로 인하여 경쟁회사 M&A우려 • 기준시가로 물납하므로 시가와 차이발생
부동산매도	• 급매로 인한 처분손실 발생 • 급매가의 시가형성으로 상속세 재계산 위험
종신보험	• 사망으로 인한 약정보험금 지급 • 상속세 재원을 기업이나 개인적으로 설계가능 • 설계방식에 따라 상속재산에 합산하지 않음

법인CEO와 상속세 재원의 필요성(근로자와 비교)

● **업무상재해의 인정기준(산업재해보상법 제37조)**

① 근로자가 다음 각 호의 어느 하나에 해당하는 사유로 부상·질병 또는 장해가 발생하거나 사망하면 업무상의 재해로 본다. 다만, 업무와 재해 사이에 상당인과관계(相當因果關係)가 없는 경우에는 그러하지 아니하다.(개정 2010. 1. 27)

1. 업무상 사고(이하생략)
2. 업무상 질병(이하생략)

● **대표이사의 근로자 해당여부**

주식회사의 대표이사는 대외적으로는 회사를 대표하고 대내적으로는 회사의 업무를 집행할 권한을 가지므로 특별한 사정이 없는 한 산업재해보상보험법상의 근로자에 해당하지 않는다(대법원 2009. 8. 20, 선고 2009두1440판결)

유언장과 유언대용신탁의 비교

구분	유언장	유언대용신탁
형식	자필증서, 공정증서 등	은행 등 금융사와 신탁사
상속인 사망 시	대응불가	연속자지정신탁가능
미성년 상속인 발생시	후견인 개입	조건부신탁가능
비용	비용미미	수수료 등 비용발생
법적효력	유류분 우선	유류분 우선

● **신탁법 제59조(유언대용신탁)**

① 다음 각 호의 어느 하나에 해당하는 신탁의 경우에는 위탁자가 수익자를 변경할 권리를 갖는다. 다만, 신탁행위로 달리 정한 경우에는 그에 따른다.

1. 수익자가 될 자로 지정된 자가 위탁자의 사망 시에 수익권을 취득하는 신탁
2. 수익자가 위탁자의 사망 이후에 신탁재산에 기한 급부를 받는 신탁

② 제1항 제2호의 수익자는 위탁자가 사망할 때까지 수익자로서의 권리를 행사하지 못한다. 다만, 신탁행위로 달리 정한 경우에는 그에 따른다.

● **신탁법 제60조(수익자연속신탁)**

신탁행위로 수익자가 사망한 경우 그 수익자가 갖는 수익권이 소멸하고 타인이 새로 수익권을 취득하도록 하는 뜻을 정할 수 있다. 이 경우 수익자의 사망에 의하여 차례로 타인이 수익권을 취득하는 경우를 포함한다.

1 남편 사망 직전 이혼해 50억대 재산분할 대법 "적법하다"

CASE

김씨는 1982년 5명의 자녀를 둔 이모씨와 결혼했다. 2011년 3월 위암으로 투병 중인 남편 이씨의 상태가 위독해지자 김씨가 이혼 및 재산분할 청구소송을 냈고, 현금 10억원과 액면가 40억원의 약속어음 채권을 분할해 준다는 조건으로 이혼조정이 성립됐다. 김씨는 이혼 후에도 2013년 12월 남편이 사망할 때까지 동거하면서 병시중을 들었다. 이씨가 사망하자 상속인들은 이혼으로 김씨에게 협의분할로 이전한 재산을 차감하고 상속세 신고를 하였다.

현장추적

국세청은 사망한 이모씨의 상속세를 조사하던 중 사망하기 전 배우자와 이혼한 사실과 이혼에 따른 재산협의분할이 이루어졌음을 확인하였다. 국세청은 이모씨가 사망하게 되면 상속세가 누진세율로 부과 될 것을 피하기 위하여 이씨와 김씨가 짜고 허위 이혼을 통한 재산분할을 하였다 보고 이전된 재산 약 50억원에 대해 사전증여로 보아 증여세와 가산세 36억원을 고지하였다. 국세청은 "법률상 이혼이라는 외형만 갖춘 가장이혼에 해당하므로 재산분할의 효력을 인정하지 않고 분할액에 세금을 부과한 처분은 적법하다"고 주장하고 있다.

절세 Tip

국세청의 과세취지는 다음과 같다. 1) 배우자의 건강을 걱정하는 각별한 마음 등으로 미루어 볼 때 실제 이혼의사가 있었다고 보기는 어렵다. 2) 촬영된 사진에서는 김씨가 배우자가 거주하는 아파트의 현관 입구에서 외출하는 모습이 담겨 있다. 3) 배우자가 함께 살아온 ○○○아파트로 배달된 우편물 및 택배를 김씨가 수취하고 서명한 내역이 있다. 4) 고령이고 몸이 불편한 김씨가 주소지인 반포동이나 서초동 주변 은행지점이 아닌 배우자가 거주하는 ○○○아파트 내에 위치한 금융지점을 이용하여 금융거래를 하였다. 5) 설령 배우자 간의 협의이혼이 가장이혼에 해당하지 않는다고 하더라도 협의이혼분할 재산은 과대하고 비상식적이어서 상속세나 증여세 등 조세를 회피하기 위한 수단에 불과하다. 국세청의 과세취지를 살펴 보면 실질 이혼이 아니면서 상속세를 줄이기 위한 편법적인 재산분할은 세무상 상당한 위험을 가지고 오게 된다. 반면 실질이혼이라면 재산분할에 따른 재산의 이동에 대해서는 증여세가 부과되지 않는다.

관련 판례

- **가장이혼이 아니면 이혼에 따른 재산분할은 증여세 과세대상이 될 수 없음**

  이혼에 따른 재산분할은 부부가 혼인 중에 취득한 실질적인 공동재산을 청산분배하는 것을 주된 목적으로 하는 제도로서 재산의 무상이전으로 볼 수 없으므로, 그 이혼이 가장이혼으로서 무효가 아닌 이상 원칙적으로 증여세 과세대상이 되지 않는다(대법2019두52201, 2020. 01. 04)

- **피상속인 사망 수개월 전에 위장이혼하고 재산분할 명목으로 쟁점금액을 사전증여받았다고 보아 청구인에게 증여세를 과세한 처분의 당부**

  청구인은 피상속인이 사망하기 몇 달 전에 이혼소송을 제기하고 피상속인 재산의 절반 이상을 재산분할받기로 하는 이혼조정을 한 점, 피상속인 사망시까지 종전처럼 같이 거주하면서 간병하는 등 혼인관계 해소의사가 진정한 것인지 의문스러운 점 등에 비추어 쟁점금액을 청구인이 사전증여받은 것으로 보아 청구인에게 증여세를 부과한 처분은 잘못이 없음(조심2014서 2097,2015.04.13)

2 국세청의 감정평가 사업 상속세 폭탄 트렌드

CASE

상속인들은 아버지가 사망하고 고민에 빠졌다. 상속재산으로 물려주신 상가주택 건물은 어떻게 신고해야될지 명확하지가 않았다. 아버지가 3년전에 30억으로 매입하였지만, 현재의 기준시가는 15억원이었다. 매매사례가액 기간은 피상속인의 사망일로부터 소급하여 최장 2년이기에 기준시가로 신고하여도 된다는 주위의 조언도 있었다. 현재 상가주택의 기준시가는 15억인데, 상속세신고를 시세대로 감정평가를 하여 신고를 하자니 상속세부담이 너무 컸다. 따라서 최종적으로 상속재산 중 상가주택건물을 기준시가로 신고하였다.

현장추적

국세청은 피상속인 P의 상속세조사를 하던 중 상가주택건물이 기준시가로 상속세가 신고되어있는 것을 확인하고, 3년 전 30억원으로 자금으로 구입한 내역도 확보하였다. 조사담당자는 비주거용건물 등도 감정평가를 하여 과세할 수 있도록 법이 개정된 상태라 임의적으로 결정하지 못하고 「재산평가 심의위원회」를 통하여 국세청의 감정가액 28억원과 납세자의 감정가액 26억원의 평균 감정가액 27억원으로 확정하고 상속세를 추가로 4억원을 고지하였다.

절세 Tip

상속세 신고시 많은 분쟁이 있는 부분이다. 현재 국세청은 비주거용건물, 나대지 등에 대해서는 일정한 기준에 해당이 되면 국세청이 상속세조사결정시 감정평가를 할 수 있도록 법을 개정하여 운용하고 있는 상태이다. 최근에는 부동산보유 비상장주식평가, 비주거용건물, 나대지, 개발농지, 단독주택 등으로 감정평가사업이 확대되고 있는 상황이니 충분히 상속세전문 세무사와 상의 후 신고방법을 선택하여야 한다. 기준시가로 신고를 하였는데 국세청이 감정평가를 하게 되면 스스로 감정평가하여 신고한 가액보다 일반적으로 높다라고 생각하여야 한다. 단 「국세기본법」 제47조 규정에 의하여 과세표준 변경에 따른 신고불성실가산세와 납부불성실가산세는 적용하지 않는다.

관련판례 및 사무처리규정

- **상속증여세 감정평가 적용대상 부동산은 제한이 없음**

  감정평가 적용대상 부동산에 대하여는 제한을 두고 있지 아니하여 처분청이 쟁점부동산에 대하여 감정평가를 의뢰하여 동 가액의 평균액을 시가로 보아 과세한 처분이 달리 조세법률주의나 세무공무원의 재량의 한계를 넘었다고 보기 어려운 점, 국세청 보도자료(2020. 1. 31) 등에는 비주거용 부동산 및 지상에 건축물이 없는 토지를 감정평가의 대상으로 한다고 되었을 뿐이고, 그 이외의 부동산에 대하여는 감정평가의 대상에서 제외한다고 명시적인 규정이 없어 과세관청의 공적인 의사표시가 있다고 보기 어려운 점 등에 비추어, 처분청이 쟁점부동산에 대하여 감정평가한 가액을 시가로 보아 이 건 증여세를 부과한 처분은 달리 잘못이 없는 것으로 판단됨(조심2022서2720, 2022. 08. 22)

- **상속세및증여세법사무처리규정 제72조 [감정평가 대상 및 절차] (2025.06.11 국세청훈령 제2681호)**

  ① 지방국세청장 또는 세무서장은 상속세 및 증여세가 부과되는 재산에 대해 시행령 제49조제1항에 따라 감정기관에 의뢰하여 평가할 수 있다. 다만, 부동산 감정평가사업의 대상은 부동산 등(법 제63조 제1항 제1호 나목에 따라 주식을 평가하는 경우로서 시행령 제54조 제2항 및 제55조 제1항의 순자산가치를 산출하기 위해 시가 평가가 필요한 부동산 등 포함)으로 한다.

② 지방국세청장 또는 세무서장은 다음 각 호의 사항을 고려하여 부동산 감정평가 대상을 선정할 수 있으며, 이 경우 대상 선정을 위해 5개 이상의 감정평가법인에 의뢰하여 추정시가(최고값과 최소값을 제외한 가액의 평균값)를 산정할 수 있다.

1. 추정시가와 법 제61조부터 제66조까지 방법에 의해 평가한 가액(이하 "보충적 평가액"이라 한다)의 차이가 5억원 이상인 경우
2. 추정시가와 보충적 평가액 차이의 비율이 10%이상[(추정시가–보충적평가액)/추정시가]인 경우

● 상속재산 중 감정평가 대상 가능여부 자산

상속재산	감정평가여부	요건
전 · 답 · 임야	가능	내부규정
나대지	가능	내부규정
상가건물	가능	내부규정
상가주택건물	가능	내부규정
주택 및 아파트	가능	내부규정
회사보유 토지 및 건물	가능	내부규정

* 주식회사 비상장주식평가시 부동산과다보유법인이 아닌 일반법인의 자산도 감정평가대상으로 변경되었다(2025.6.11. 국세청 사무처리규정 개정)

● 국세청 감정평가사업 성과

구분	예산	건수	신고가액	감정가액	증가율	자발적 감정비율
'20년	19억	113건	0.7조원	1.3조원	68%	9.0%
'21년	46억	248건	1.5조원	2.5조원	74%	15.1%
'22년	46억	174건	1.1조원	1.9조원	76%	18.5%
'23년	45억	192건	1.2조원	2.0조원	70%	21.3%

(자료 : 국세청)

3 상속인 간의 상속재산분할 심판청구 시 감정평가와 배우자공제 부인

CASE

피상속인 P가 사망하자 자녀들은 극심한 재산분쟁에 휘말렸다. 생활이 어려웠던 특정자녀에게 피상속인 P가 부동산을 일부 사전증여하였다. 나머지 상속인들은 사전증여한 재산을 문제삼아 상속재산협의분할을 재조정해야한다고 주장하며 상속재산분할심판청구소송을 진행하였다. 자녀들은 상속재산분할 심판청구시 피상속인 P가 남긴 상가부동산을 감정평가하여 각자의 상속분을 정확히 계산하였다.

현장추적

국세청은 피상속인 P의 상속세를 조사하는 과정에서 상속세 신고기한 6개월이 경과하여 해당자산을 감정평가받은 사실을 확인하였다. 기준시가 20억원으로 신고한 상속부동산을 소송 시 감정평가한 40억원으로 재결정하여 상속세 10억원을 추징하였다. 또한 상속세 조사기한(신고기한 후 9개월)까지 배우자상속재산 미분할신고서가 접수가 안되어 배우자공제 30억원을 부인하여 상속세 15억원을 추가로 고지하였다.

절세 Tip

상속분쟁이 발생하지 않도록 피상속인 사전에 유언공증이나 유언대용신탁을 통하여 상속재산을 배분하여야 한다. 유언공증이 없으면 상속인들간의 재산분쟁으로 인하여 상속재산을 감정하게 되어 추가적인 상속세가 과세되고, 상속재산분할 소송이 제대로 진행이 되지 않을 경우에는 배우자공제를 적용을 받을 수 없게 된다. 이외에도 상속인 간의 분쟁으로 인하여 상속등기가 제대로 이행되지 않아 과태료 문제도 발생하게 된다. 상속재산에 대하여 유언공증이 되어있다면 바로 유언공증의 내용으로 상속재산이 집행되게 된다.

관련법령 및 집행기준

● 상속세 및 증여세법 시행령§49 ① 개정내용

＊상속세 : 신고기한부터 9개월, 증여세 : 신고기한부터 6개월

(개정내용) 신고 이후에도 납세자 및 과세관청이 감정평가를 통해 시가에 근접한 가액으로 평가할 수 있게 됨

종전	개정('19. 2. 12 시행)
아래 기간 내 발생한 매매·감정가액 (원칙) 전·후 6개월(증여 전·후3개월) 시가 (예외) ①평가기간 외로서 평가기준일 전 2년 내	아래 기간 내 발생한 매매·감정가액 (원칙) 전·후 6개월(증여 전6·후3개월) 시가 (예외) ①평가기간 외로서 평가기준일 전 2년 내 ②평가기간 경과 후 법정결정기한 까지(추가)

(적용례) 이 영 시행 이후 상속이 개시되거나 증여받는 분부터 적용

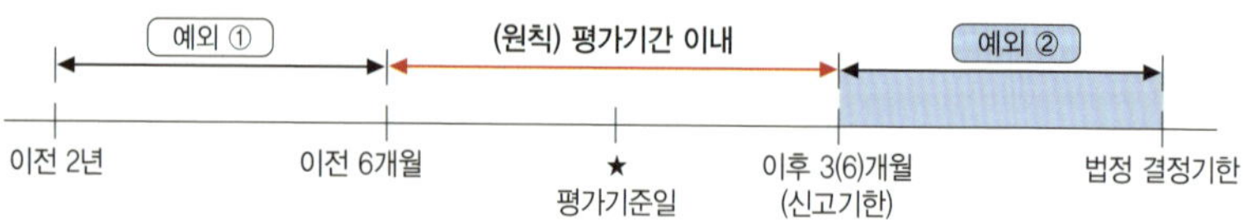

● 상속재산분할 소송과 배우자공제

상속인간의 상속재산에 대한 다툼이 발생하여 상속인 등이 상속재산에 대하여 상속회복 청구의 소를 제기하거나 상속재산 분할 심판을 청구하여 상속세 신고기한으로부터 9개월까지 부득이한 사유로 협의가 이루어지지 않은 경우에는 배우자상속

재산분할기한까지 「배우자상속재산 미분할신고서」를 제출하여야 한다. 배우자 상속재산 미분할신고서를 제출하였다면 소송이 종료되고 6개월까지 경정청구를 할 수 있으나, 제 때 신청서를 접수하지 않은 경우에는 기본적인 절차상 하자라서 추후에 별도로 배우자상속공제를 적용할 수 없다(집행기준 19-17-5 배우자 상속재산 분할기한 연장)

상속인지분 현금청산 시 양도소득세 과세대상이다.

4 감정평가하여 물납한 임야 물납허가 거부되어 상속세 폭탄

CASE

피상속인 L은 상속재산으로 안산소재 전 · 답 · 임야 등 10만평을 상속하였다. 상속재산의 기준시가는 약100억원이었으며 상속세는 40억원으로 예상되었다. 상속인들은 매우 난감했다. 피상속인이 물려 준 재산은 전 · 답 · 임야가 전부였고 현금성자산은 전혀 없었기 때문이었다. 상속인들은 상속세를 물납하기로 결정하고 물납대상 토지를 선별하여 기준시가 20억원 정도의 여러 필지의 토지를 40억원으로 감정평가하여 최종 상속세를 신고하였다.

현장추적

물납신청을 받은 처분청은 한국자산관리공사와 함께 쟁점토지가 상속세 물납대상으로 적정한지 검토(현장확인 등)한 결과 쟁점토지에 묘지가 있고 무허가 주택 등이 있다는 사실을 확인하고 향후 관리·처분 등이 곤란할 수 있다고 보아 다른 재산을 물납대상으로 신청할 것을 요청하였으나, 상속인이 이에 응하지 않자 물납불허통지를 하였다. 처분청은 물납대상 토지가 감정평가되어 인접한 동일한 토지도 기준시가를 부인하고 동일한 조건으로 감정평가하여 상속세를 추가적으로 80억원을 고지하였다.

절세 Tip

상속세 재원이 없는 경우 연부연납과 물납을 신청하게 되면 한국자산관리공사의 검토가 이루어져 물납이 적정하다고 판단되는 경우 납세지 관할세무서장은 물납을 허가하는 때에는 그 허가를 한 날부터 30일 이내의 범위에서 물납재산의 수납일을 지정한다. 이 경우 물납재산의 분할 등의 사유로 해당 기간 내에 물납재산의 수납이 어렵다고 인정되는 경우에는 1회만 20일 이내의 범위에서 물납재산의 수납일을 다시 지정할 수 있다. 그러나 물납이 거부처분되면 납세자 입장에서는 기존의 상속재산을 감정평가 받은 상태라 예상치 못한 상속세 부담이 발생하게 된다. 또한 감정평가 받지 않고 신고한 상속재산도 물납재산의 감정평가액에 영향을 받을 수 있으므로 물납신청시에는 반드시 세무전문가와 상담하여 의사결정을 하여야 한다.

<table>
<tr><td rowspan="5">부동산
물납허가
거부사유</td><td>지상권·지역권·전세권·저당권 등 재산권이 설정된 경우</td><td rowspan="7">한국자산관리공사에서 관리처분 등을 판단하여 물납을 결정함. 열거되지 않는 사유로 물납이 거부되는 경우도 빈번하게 발생함</td></tr>
<tr><td>물납신청한 토지와 그 지상건물의 소유자가 다른 경우</td></tr>
<tr><td>토지의 일부에 묘지가 있는 경우</td></tr>
<tr><td>건축허가를 받지 아니하고 건축된 건축물 및 그 부수토지</td></tr>
<tr><td>소유권이 공유로 되어 있는 재산</td></tr>
<tr><td rowspan="2">유가증권
물납허가
거부사유</td><td>유가증권을 발행한 회사의 폐업 등으로 「부가가치세법」 제8조 제9항에 따라 관할 세무서장이 사업자등록을 말소한 경우</td></tr>
<tr><td>유가증권을 발행한 회사가 「상법」에 따른 해산사유가 발생하거나 「채무자 회생 및 파산에 관한 법률」에 따른 회생절차 중에 있는 경우</td></tr>
</table>

* 상증세법 시행령 제71조 및 상증세법 시행규칙 제19조의 5

관련 법령 및 예규

- **상속세및증여세법시행령 제71조 [관리 · 처분이 부적당한 재산의 물납]**

  세무서장은 법 제73조 제1항에 따라 물납신청을 받은 재산이 관리 · 처분상 부적당하다고 인정하는 경우에는 그 재산에 대한 물납허가를 하지 않거나 관리 · 처분이 가능한 다른 물납대상 재산으로의 변경을 명할 수 있다.

- **상속재산인 토지가 도로에 해당한다는 이유로 물납불허통지가 부당하다는 청구주장의 당부**

  쟁점토지는 지목이 도로에 해당하고 주택가 사이에 위치하여 불특정 다수가 이용하고 있는 것으로 나타나며, 도시계획에 따른 수용 대상에도 해당하지 않는 등 사실상 그 처분이 어려운 것으로 보여 쟁점토지를 물납 받을 경우 상속세 징수가 곤란할 것으로 보이므로 처분청이 한국자산관리공사의 현장확인 결과를 바탕으로 쟁점토지에 대한 물납을 불허한 통지에는 잘못이 없는 것으로 판단됨(조심2025서1336, 2025.05.12)

【국세징수사무처리규정 별지 제56호 서식】

물납재산 점검표

결재	담당	주무	과장	서장

재산소재지 :

(지목:　　　, 면적:　　　㎡, 가액:　　　천원, 작성일:　　　)

구분	확 인 할 사 항	검토 결과	
물납요건	상속(증여)재산 중 부동산과 유가증권 가액이 1/2초과, 상속(증여)세 납부세액이 1천만원 초과 여부	여	부
부동산(사진첨부)	현장방문 및 사진 첨부 여부(현장방문일:　　　)	여	부
	물납재산의 "국"으로의 소유권 이전등기 촉탁 직전 등기부등본 징취 여부	징취(공부첨부)	미징취
	공부와 실제지목의 일치여부(도로사용 등)	일치	불일치
	물납 부동산에 저당권, 전세권, 가등기, 가처분, 가압류 등 사권 설정 여부	설정	미설정
	소유권의 공부상 공유 및 실질적 공유 여부	여	부
	물납 부동산의 임대차 계약, 무단점유 여부	여	부
	무허가 건축물이나 구축물의 존재 유무	유	무
	토지 지상에 묘목(농작물)등의 식재 여부	여	부
	물납신청한 토지와 그 지상건물의 소유자 상이 여부	여	부
	도시계획상 처분제한 재산 여부	여	부
	지형상 토사유출 등 위험이 있는 절개지 여부	여	부
	물납부동산과 인접 부동산을 구분할 수 있는 명확한 경계확인이 가능한지 여부	여	부
	토지 지상에 분묘, 철탑, 쓰레기 방치 유무	유	무
비상장주식	물납신청당시 평가액이 기준일(상속·증여)보다 50%이상 가치하락 했는지	여	부
	주요재산 등을 처분한 사실이 있는지	있다	없다
	상장폐지·등록취소 등 처분의 제한은 있는지	있다	없다

○ 물납신청일 :

○ 기타 특이사항 및 검토의견 :

점 검 자 : ○○ 세무서　○○ 과　급　성명　　　(인)

물납신청자 확인 : 주소

성명　　　(서명 또는 날인)

5 9년 전 상가 구입 시 부모에게 차입했다는 차용증 이제 와서 차입금 변제사실에 대해 확인요구

CASE

학원강사인 C는 9년 전 모로부터 상가 구입자금 8억원을 빌리고 본인 돈 2억을 투자하여 10억원짜리 상가를 구입하였다. 주위 전문가로부터 도움을 받아 차용증을 작성하여 법률사무소에 공증하고 이에 따른 세법상 이자도 매월 지급하였다. 7년 전 상가구입에 대한 자금출처조사가 나와서 차용증 및 이자지급 내역을 국세청에 제출하여 증여가 아님을 인정받았다. 그 이후 9년 동안 문제가 없다가 갑자기 국세청으로부터 모로부터 9년전에 빌린 8억원에 대한 자금변제 사실에 대해 소명 안내문을 받았다.

현장추적

국세청은 학원강사의 소득세 성실신고여부를 검증 하던 중 C의 부동산 내역이 소득에 비하여 과다하다고 판단하고 증여세 신고여부를 검증하였으나 증여세 신고한 내역이 발견되지 않았다. 9년 전 모로부터 8억원의 자금을 차용한 사실에 대해 국세청 내부 전산기록에 관리되어 있는 것을 확인하고 변제여부를 소명요구하였으나 원금반환 사실이 확인이 안되어 실질 증여로 판단하고 증여세 및 가산세 5억원을 고지하였다.

절세 Tip

최근들어 부모로부터 자금을 빌려 상가나 주택을 구입하는 경우가 많은데 증여를 피하기 위하여 부모자식간 금전소비대차에 의한 차용증을 작성하고 이자를 매월주는 경우를 많이 볼 수 있다. 하지만 원금의 반환이 합리적이어야 한다. 자녀의 부동산 구입자금을 최초 세무조사시 금전소비대차관계로 인정받더라도 증여세의 부과제척기간은 10년이므로 향후 자금변제여부에 대하여 추가적으로 세무조사가 나올 수 있다는 것을 염두에 두고 실질적으로 이자 및 원금을 주기적으로 반환하여야 한다.

관련 판례

- **특수관계인간 금전차용 인정여부**

  모자 사이에 공동으로 건물을 취득하면서 금전소비대차계약이 체결·이행되는 것은 일반적인 경우로 볼 수 없고, 그러한 사실을 인정하기 위해서는 합리적이고 납득할 만한 근거가 제시되어야 함에도 위 소비대차계약은 형식적으로 갖춘 외관에 불과하여 금전의 차용이 아닌 증여받았다고 봄이 타당함(서울행법2018구합2001, 2018. 12. 13)

- **차용증의 불명확성**

  청구인이 제출한 쟁점차용증은 차용일자 등 구체적인 내역이 없어 사후적으로 작성한 문서임을 확인할 수 있는 점 등 쟁점금액을 차입하였다고 보이지 않음(심사증여2025-3, 2025.04.23)

특수관계인간 금전차용 인정받더라도
향후 추가적으로 세무조사가 나올 수 있다는 것을 염두

6

"14년 전 토지보상금 80억" 부모 사망 후 자녀들에게 사전증여세 80억 고지

CASE

남양주에서 평생 배밭을 운영하였던 B씨는 신도시가 들어오면서 토지보상으로 80억원을 수령하였다. 토지보상금이 들어오자 자녀들이 찾아와 사업자금 명목으로 이리저리 돈을 빌려가면서 형식적인 차용증만 작성하였다. 자녀들의 계속적인 금전 요구에 결국 80억 전액을 자녀들에게 빼앗긴 후 쓸쓸히 사망하였다. 자녀들은 상속재산에 합산되는 사전증여재산은 10년 이므로, 14년 전 가져간 돈은 별문제가 없을 것이라 생각했다.

현장추적

국세청은 B씨의 상속세 신고를 검토하던 중 14년 전에 남양주 배밭 토지보상금 80억원을 수령한 사실을 확인하였다. 금융자료를 추적한 결과 자녀들이 B씨가 받은 토지보상금 80억원으로 부동산 구입 및 사업자금으로 사용한 사실들을 전부 확인하고 증여세 부과제척기간 15년을 적용하여 증여세 및 가산세 80억원을 고지하였다. 신고불성실가산세 40% 이외에 14년간 납부불성실가산세가 약 40억이었다.

절세 Tip

증여세의 부과제척기간은 일반적으로 10년이지만 무신고나 고의적으로 은닉한 경우 증여세 부과제척기간은 15년이다. 또한 납세자가 부정한 행위로 증여세를 포탈한 경우로서 증여재산이 50억 초과인 경우에는 과세관청이 안 날로부터 1년 이내에 언제든지 증여세를 과세할 수 있다. 증여세 과세 시 신고불성실가산세 이외에 납부불성실가산세(연리 8.03%)가 수년간 과세된다면 상당한 금액이 된다. 토지보상금 지급내역은 국세청 내부 전산에 관리되므로 사전증여는 반드시 향후 문제가 된다.

관련 심판례 및 법령

● **부모자식간 금전소비대차 인정 증거서류 인정여부**

청구인이 제출한 차용증에는 이자의 약정 또는 원금의 변제기한 등에 대한 약정이 없는 등 이를 정상적인 금전소비대차계약서로 보기는 어려운 점, 청구인은 상속개시일까지 원금을 전혀 변제하지 아니하였고, 이자를 지급한 것으로 보기도 어려운 점 등에 비추어 쟁점금액을 청구인이 피상속인으로부터 차용하였다는 청구주장을 받아들이기 어려움(조심2020중5, 2020. 06. 30)

● **국세기본법 제26의2 국세의 부과제척기간**

① 상속세 · 증여세의 부과제척기간은 국세를 부과할 수 있는 날부터 10년으로 하고, 다음 각 호의 어느 하나에 해당하는 경우에는 15년으로 한다.

1. 납세자가 부정행위로 상속세 · 증여세를 포탈하거나 환급 · 공제받은 경우
2. 「상속세 및 증여세법」 제67조 및 제68조에 따른 신고서를 제출하지 아니한 경우
3. 「상속세 및 증여세법」 제67조 및 제68조에 따라 신고서를 제출한 자가 대통령령으로 정하는 거짓신고 또는 누락신고를 한 경우

② 납세자가 부정행위로 상속세 · 증여세를 포탈하는 경우로서 다음 각 호의 어느 하나에 해당하는 경우 과세관청은 제4항에도 불구하고 해당 재산의 상속 또는 증여가 있음을 안 날부터 1년 이내에 상속세 및 증여세를 부과할 수 있다. 다만, 상속인이나 증여자 및 수증자(受贈者)가 사망한 경우와 포탈세액 산출의 기준이 되는 재산가액이 50억원 이하인 경우에는 그러하지 아니하다.

1. 제3자의 명의로 되어 있는 피상속인 또는 증여자의 재산을 상속인이나 수증자가 취득한 경우
2. 계약에 따라 피상속인이 취득할 재산이 계약이행기간에 상속이 개시됨으로써 등기 · 등록 또는 명의개서가 이루어지지 아니하고 상속인이 취득한 경우
3. 국외에 있는 상속재산이나 증여재산을 상속인이나 수증자가 취득한 경우
4. 등기 · 등록 또는 명의개서가 필요하지 아니한 유가증권, 서화(書畵), 골동품 등 상속재산 또는 증여재산을 상속인이나 수증자가 취득한 경우
5. 수증자의 명의로 되어 있는 증여자의 「금융실명거래 및 비밀보장에 관한 법률」 제2조 제2호에 따른 금융자산을 수증자가 보유하고 있거나 사용 · 수익한 경우

7 위조된 결혼식 축의금 장부 증여세 과세

CASE

사랑하는 딸 A를 시집보내면서 부모는 미리 집을 얻어주면 증여세 문제가 생기니 결혼식 축의금의 명부를 자녀 지인들이 부조한 것으로 처리하면 세금 없이 딸에게 24평 아파트를 사줄 수 있을 것 같았다. 결혼식은 성황리에 끝났고 지인들로부터 들어온 축의금은 부모의 몫이 무려 약10억원이었다. 결혼당사자인 자녀의 지인들로부터 받은 축의금은 3천만원이었지만 전부 자녀의 몫으로 장부를 만들고 사위에게도 이러한 방법을 귀뜸하여 신혼집으로 무사히 24평 아파트를 구입해주었다.

현장추적

국세청은 A가 27세의 나이임에도 불구하고 최근 강남에 시가상당 18억짜리 24평 아파트를 공동으로 취득한 사실을 확인하고 자금출처소명을 요구하였다. A와 남편 B는 결혼식때 지인들로부터 받은 부조금액으로 아파트 대금을 치루었다고 소명하였으나 사회통념상 부모의 축의금이 자녀들에게 증여된 것으로 보고 부부에게 각각 증여세 3억씩을 고지하였다. 또한 자녀 A가 엄카로 모든 것을 해결하고 부부의 소득을 알뜰하게 저축하여 모은 돈이 5년간 7억5천만원임을 확인하고 이러한 자금을 통하여 오피스텔을 구입한 내역을 확인하고 추가적으로 증여세 2억원을 고지하였다.

절세 Tip

사회통념상 인정되는 축하금 등에 대해서는 증여세를 부과하지 않도록 규정하고 있으므로 혼주에게 귀속되는 결혼축하금은 증여재산가액에서 제외하는 것이 타당하다(조심2016서1353, 2017. 02. 08)는 행정해석이 있다. 하지만 부모의 지인들로부터 들어온 축의금은 부모의 몫이고, 결혼당사자인 자녀의 지인들로부터 받은 축의금은 자녀의 몫으로 각각 계산하여야 한다. 따라서 부모에게 들어온 축의금을 자녀의 신혼집을 마련하거나 자동차를 구입한 자금으로 증여하게 되면 증여세가 과세된다. 또한 부모의 거주지와 현저하게 다른 곳에서 카드가 사용되었거나, 부모의 소비와 관련성이 없이 자녀가 부모의 카드를 통하여 생활비를 사용한 경우 증여세를 추징할 수 있다.

관련 심판례

- **청구인은 근로소득과 축의금을 받은 사실이 있다고 주장할 뿐 구체적인 증빙을 제시하지 못하고 있으므로 이를 자금출처로 인정하기 어려움**

  결혼 축의금 ○○○원 중 본인 축의금 해당분 ○○○원을 쟁점부동산 취득대금으로 사용하였다고 주장하나, 청구인의 결혼식 이후 어머니인 홍○○ 예금계좌로 일부 금액이 입금된 내역은 나타나지만 해당 금액이 청구인 본인의 축의금인지와 본인의 축의금이라고 인정하다 하더라도 청구인에게 실제 귀속되었는지가 불분명할 뿐더러 설령 청구인 본인의 축의금으로써 청구인에게 귀속되었다고 하더라도 결혼일(2004. 5. 9)과 쟁점부동산 취득일(2007. 11. 20) 사이에는 상당한 시일이 경과되었고, 청구주장을 입증할 수 있는 다른 증빙도 제시되지 아니하고 있으므로 해당 금액이 쟁점부동산 취득대금으로 사용되었다고 보기도 어려움(조심2013서3275, 2013. 11. 28)

- **조부가 손자의 해외유학비등 생활비 부담시 증여세 과세여부**

  조부가 손주의 해외유학비를 송금하였다면 먼저 손자를 부양할 의무가 있을 것을 전제로 하기에 조부가 손자를 부양할 의무가 있는지 여부는 부모의 부양능력 등 구체적인 사실을 확인하여 판단할 사항임. 손주의 부모가 근로소득 또는 사업소득이 발생하고 해당 자녀의 교육비를 충분히 부담할 능력이 있는 정황 등이 별도 확인되는 경우에는 조부가 손자를 부양할 의무가 있다고 보기는 어렵다 할 것이므로 증여세를 과세하는 것은 위법하지 않음(조심2016서4234, 2017. 07. 20)

8 국세청 보도자료에 의한 부모찬스 유형

유형 1

부담부 증여 후 대출 상환은 본인 소득으로, 생활비는 부모찬스

· 근저당 채무를 자녀가 부담하는 조건으로 아파트를 부담부 증여받은 뒤 자녀가 본인 월급으로 은행에 채무○억원을 상환하였다고 소명

– 채무는 본인 월급으로 상환하였으나, 생활비 · 교육비 등은 부모로부터 증여받은 혐의

* 부담부 증여란 증여재산이 담보하는 채무까지 인수하는 증여방식으로, 채무 상당액에 대해서는 증여자가 양도소득세를 부담하므로 증여세 절세방안으로 활용

유형 2

증여받은 주택에 설정된 임대보증금을 祖父가 우회 증여

· 祖父가 임차인으로 거주하고 있는 부친 소유의 주택을 자녀에게 부담부증여

– 祖父가 퇴거 이후에도 임대보증금을 돌려받지 않는 방식으로 증여 은닉한 혐의

유형 3

현금수입금액을 신고누락한 자금으로 부동산 취득 후 증여

· 산부인과 의사와 성형외과 의사인 부부가 여러 채의 고가 아파트 취득 후 미성년 자녀들에게 증여하고 호화 사치 생활 영위

– 국세청 신고소득 대비 과다한 자산취득 · 지출 → 현금수입 누락 혐의

유형 4

인근 시세보다 훨씬 낮은 금액으로 감정평가하여 저가 신고

· 고가 아파트를 증여받은 후 감정평가액(39억원)으로 신고하였으나, 인근 시세의 65%에 불과한 낮은 금액으로 저가 신고한 혐의

소재지	기준시가	신고가액	인근 시세	결정가액
ㅇㅇ동	22억원	39억원(감정가액)	60억원	ㅇㅇ억원(감정가액)

* 국세청 감정평가액의 80% 미만으로 감정평가한 법인은 시가불인정 감정기관으로 지정 가능하며, 해당 기관이 평가하는 감정가액은 시가로 볼 수 없음(상증법 제60조 5항)

유형 5

법인에 증여하면서 기준시가로 신고하는 방식으로 감정평가 회피

· 아파트를 자녀가 지배주주인 가족법인(부동산임대업)에 증여하면서 기준시가로 자산수증이익 계상하여 법인세 신고

– 자녀에게 직접 증여할 경우, 국세청 감정평가대상으로 선정되므로 이를 회피하기 위해 법인을 이용한 혐의

소재지	기준시가	(법인수증이익) 신고가액	감정가액	주주(자녀 2명)의 증여세	
				신고세액	결정세액
ㅇㅇ동	29억원	29억원 (기준시가)	68억원	각 ㅇ억원	각 ㅇㅇ억원

* 특정법인 증여의제 이익 = (법인이 얻은 증여재산가액 – 법인세액) × 지분율

유형 6

합산과세 · 고세율을 피하기 위해 증여자를 祖父로 위장

· 부친이 고가 아파트를 미성년 자녀에게 증여하고, 증여세 및 취득세 납부를 위한 현금은 祖父가 증여한 것으로 신고

– 祖父는 증여할 만한 자력이 없음에도, 부친의 증여재산(아파트)에 합산 시 더 높은 세율이 적용되는 것을 피하기 위해 현금 증여자를 祖父로 위장한 혐의

※ 국세청 제공

9 부모 봉양 목적 주택 구입 증여세 추징

CASE

현재 무주택자로 남편과 열심히 살아가는 효심 가득한 A씨는 오랜 기간 농사를 지으며 살아오신 친정 부모님이 고령 및 치매로 인해 더 이상 농사를 짓지 못하게 되자 형제들과 가족회의를 열어 부모님을 A씨가 모시고 살기로 하였다. 그리하여 부모님이 농지 및 과수원 등을 처분한 10억원 금전으로 부모님을 모시고 살게 될 새로운 아파트를 취득하였다. 이 과정에서 재산 분배 및 과수원 처분대금에 대해 형제들이 부모님께 금전적인 요구를 할 것이 염려되어 부모님을 모시고 살 아파트는 부모님의 명의가 아닌 A씨의 명의로 취득하여 등기 등을 마쳤다.

현장추적

국세청은 친정 부모님이 농지 및 과수원을 처분한 금액 중 아파트 구입자금으로 지급한 금액을 무상으로 증여한 것으로 보고 증여세를 과세하였다. 자금출처 조사가 시행된 이후에 A씨는 위 증여금액은 부모님으로부터 빌린 차입금의 성격이며 차입금에 대한 이자는 부모님의 생활비 상당액으로 대체한다는 내용의 금전소비대차계약서를 제출하였다. 하지만 국세청은 부모님에 대한 부양의무는 도덕적, 상식적, 비재산적 의무일 뿐 어떠한 대가관계가 반드시 수반되어야하는 법적의무가 아닌 점을 들어 임대차계약과 직계존비속 간의 금전소비대차계약을 인정하지 않았다. 아울러 차입금의 상환방법도 부모님 사망 시 전액을 A씨의 상속재산으로 한다고 되어 있어 현실적인 상환가능성이 없으며 차입금에 대한 이자 지급의 구체적인 방식 등도 입증하지 못했다고 판단하여 증여세 및 가산세 3억원을 과세하였다.

절세 Tip

부동산 등의 재산 취득 과정에서 자금출처에 대한 소명이 강화됨에 따라 재산 취득 시 누구의 명의로 취득할 것인가 여부에 따라 자금출처조사 대응 및 재산취득자금 증여에 대한 부분이 많이 좌우된다고 할 수 있다. 특히 가족 간의 금전소비대차거래는 계약서 작성부터 금융거래내역까지 면밀히 검토하여 준비해야하는 부분이므로 전문가의 조언이 꼭 필요한 부분이라고 할 수 있다. 더하여 가족 간의 부양의무 등은 현재 법적으로 대가관계가 인정되는 부분이라고 보기 어려우므로 부모님 부양을 전제로 한 재산의 분배 과정에서 보다 정교한 재산 관리 및 세무적 판단이 필요하다고 할 수 있다.

관련 심판례

● **부모님을 봉양하는 목적으로 부모님으로부터 받은 자금도 증여세 과세대상임**

쟁점금액이 쟁점아파트 취득과 관련하여 아버지로부터 차용한 금액이라고 주장하나, 청구인이 심판청구시 제출한 금전소비대차계약서는 당초 이의신청시 제출한 계약서와 일부 중요 기재사항(주민등록번호)에 차이가 있고, 계약내용에 있어서도 대출이자를 부모의 생활비로 대체한다거나 대출기한을 아버지 사망일까지로 하는 등 정상적인 금전소비대차계약과는 차이가 있어 여기에 신빙성이 있다고 보기 어려워 청구주장은 받아들이기 어렵다고 판단됨(조심2021인2981, 2021. 07. 30)

주택매입시 자금조달계획서 자금출처 입증내용

구분	내용	기재내용 및 증빙
자기자금	금융기관 예금액	- 예금잔고증명서 (단 예금의 자금출처 입증)
	주식·채권매각대금	- 주식잔고증명서 및 매각증명서 (단 주식취득자금등도 자금출처 입증)
	상속 및 증여	- 상속세신고서(상속재산협의분할서) - 증여세신고서
차입자금	부동산처분대금	- 부동산처분 양도소득세 신고서
	금융기관 대출액	- 금융거래확인서 - 부채확인서
	임대보증금	- 신규 임대차계약서 - 승계 계약의 경우 승계부동산임대차 계약서
	개인적인 차용	- 차용증 및 이자내역서

* 주의할점 : 자기자금으로 잔고증명서를 제출하더라도 근로소득이나 기타소득에 비하여 과도한 금융금액은 2차 자금출처소명을 요구할 수 있다. 또한 부모 등에 대한 개인적인 차용금액이 무조건 인정되는 것은 아니다.

10 해외대학에 선의로 기부한 금액이 증여세와 상속세 폭탄으로

CASE

백범 김구 선생의 차남인 김신 전 공군참모총장은 지난 2006년부터 10여년에 걸쳐 2016년 작고하기 전까지 미국 하버드 대학, 브라운 대학 및 대만 타이완 대학 등에 기부하여 항일투쟁의 역사를 알리는 강좌 개설 등 한국을 적극적으로 홍보하려는 목적으로 약 42억정도를 기부하였다. 국내 대학에 기부를 할 경우 추후 해당 기부금액 등은 상속세 및 증여세를 감면받을 수 있다는 이야기를 듣고 해외 대학에 대한 기부도 크게 다르지 않겠다고 생각하여 일제의 만행과 이를 슬기롭게 극복한 대한민국 항일 투쟁 정신을 전세계에 알려야겠다는 생각에 보다 적극적으로 해외 유명 대학 위주로 기부 사업을 진행하였다.

현장추적

국세청은 김신 전 총장이 별세하고 2년여가 지난 2018년 10월 경, 지난 10여년에 걸쳐 유수의 해외 대학에 기부했던 42억 원에 대해 김신 전 총장의 상속인들에게 상속세와 증여세 및 가산세를 합하여 총 27억 원을 연대납부하라고 통보했다. 외국 학교를 포함해 소재하는 외국 비영리법인도 국내의 증여재산을 증여받을 경우엔 「상속세 및 증여세법」에 따른 증여세 납세의무자가 된다. 다만, 이러한 외국법인은 외국에 있어 과세 및 징수 절차가 어려우므로 증여자로 하여금 연대납세의무 규정을 두어 기부자인 김신 전 총장의 상속인들에게 증여세를 과세하였다. 또한 이러한 기부금액을 5년이내 상속인이 아닌 자에게 사전에 증여한 재산으로 보아 증여세를 과세한 뒤, 다시 상속세 계산 시에 포함하여 상속세를 재계산하여 상속세를 과세했다.

절세 Tip

해외 대학 및 국내 소재 외국인 학교 등에 대해서는 상속세 및 증여세법상 규정한 공익법인 요건에 충족하지 않는 경우가 대부분이다. 또한 국제적인 금융거래가 이루어지므로 상속인들이 그러한 사실을 자발적으로 미리 확인하여 올바른 세무적인 대응을 하는 것이 현실적으로 어려운 부분이다. 기부금액에 대해서는 상속인 아닌 자에 대한 사전증여재산으로 보아 증여세 및 상속세 문제가 같이 수반되며 무신고로 인한 20%의 가산세도 항상 염두해두어야 한다. 이를 예방하기 위해서는 「상증세법」 제46조 제5호 및 시행령 제35조 제4항 제2호에 규정되어 있는 학자금 또는 장학금에 대한 비과세 규정을 활용해야한다.

사전증여재산 합산기준

증여대상	상속재산합산기간	예시
상속인에게 증여한 재산	사망일 기준 소급 10년 이내	배우자, 자녀, 대습상속인 등 법정상속인
상속인이 아닌 자에게 증여한 재산	사망일 기준 소급 5년 이내	며느리,사위, 손자, 국내외 법인 등 법정상속인이 아닌 대상

* 주의할점 : 증여세 부과제척기간은 10년,15년(무신고) 등이므로 상속재산에 합산되지 않는 기간이라고 해서 증여세 문제가 해소되는 것은 아니다.

관련 심판례 및 법령

● 상속세및증여세법 기본통칙 46-35…1 [비과세 증여재산의 범위]

① 법 제46조 제5호에 따른 증여세가 비과세되는 생활비 또는 교육비는 필요시마다 직접 이러한 비용에 충당하기 위하여 증여로 취득한 재산을 말하는 것이며, 생활비 또는 교육비의 명목으로 취득한 재산의 경우에도 그 재산을 정기예금 · 적금 등에 사용하거나 주식, 토지, 주택 등의 매입자금 등으로 사용하는 경우에는 증여세가 비과세되는 생활비 또는 교육비로 보지 아니한다.(개정 2011. 05. 20)

● 거주자가 미국 사립학교에 건축비 명목으로 증여한 금원의 증여세 과세여부

거주자가 미국 사립고등학교에 학교시설 건축비 명목으로 증여한 금원은 「상속세 및 증여세법」 제46조 제5호 및 같은 법 시행령 제35조 제4항 제2호에 따른 '학자금 또는 장학금 기타 이와 유사한 금품'에 해당하지 아니하는 것임(기준법령해석재산 2015-219, 2016. 03. 10)

11 특수관계법인에게 사업기회를 제공한 대가로 증여세 과세

CASE

반도체 부품 제조업체 P사의 대표이사는 가업승계를 고민하던 중, 자본금을 납입하고 새로운 회사 B사를 만들었다. 설립과 동시에 B사의 주식을 자녀들에게 전부 증여하였다. 이후 P사의 숙련 기술자를 B사에 전출시키고 물적설비(CNC선반)를 이전시켜 무상으로 승계된 P사의 국내 및 해외 거래처에 메탈 스페이서를 B사가 신규 공급하면서 별다른 노력없이 막대한 주식가치 증가이익을 발생시켰다.

현장추적

국세청은 반도체 부품 P사를 세무조사하던 중 P사에서 자녀회사 B사로 전출된 직원 8명이 생산과 매출이 결정되는 핵심 숙련 기술자들이고, 조직도상 이들이 모두 일반 사원이 아닌 팀장, 주임, 대리의 직책을 가지고 있어 이들에 의해서 반도체 부품의 가공과 제품표면 착색 상태가 결정되어 매출에 결정적 역할을 하므로 대부분의 단순 노무공들과는 달리 전입 직원들의 역할이 매우 중요하였다는 사실을 확인하고 이외에도 매우 어렵게 획득한 거래처를 전부 자녀들에게 영업양도가 가능하였던 것은 특수관계였기에 가능한 것으로 파악하였고 사업상 기회제공에 따른 증여의제로 보아 증여세 25억원을 고지하였다.

특수관계법인으로부터 제공받은 사업기회로 발생한 이익,
증여받은것으로 보아 증여세가 과세된다

절세 Tip

「상증세법」 제45조의 4(특수관계법인으로부터 제공받은 사업기회로 발생한 이익의 증여의제)의 규정은 수혜법인이 특수관계법인(시혜법인)으로부터 특수관계법인이 직접 수행하거나 다른 사업자가 수행하고 있던 사업기회를 임대차계약, 입점계약, 대리점계약 및 프랜차이즈 계약 등 명칭여부를 불문한 약정의 방법으로 제공받고 해당 부분의 영업이익이 있는 경우 적용된다. 가업승계 시 가업승계 과세특례 규정이나 가업상속공제는 엄격한 사후관리를 받게 되며 이를 위반할 경우 상속세 또는 증여세와 이자상당액을 추징받게 되기에 이를 회피하고자 전문가의 자문을 구하지 않고 신설회사 등을 만들어 모회사의 거래처와 이익을 이전시키는 것은 매우 위험한 발상이다.

관련법령 및 예규

● 자녀 가족법인에 대한 사업기회 증여의제

쟁점시행사는 쟁점시공사에서 쟁점시행사업의 사업기회를 제공받아 그로 인하여 이익이 발생하였음이 확인되므로 쟁점시행사의 지배주주에 해당하는 청구인들이 증여의제이익을 증여받은 것으로 봄이 타당함(적부2024-267,2025.04.09)

국세청은 상증세법 제45조의4 규정에 따라 '특수관계법인이 직접 수행하거나 다른 사업자가 수행하고 있던 사업기회'를 도식화하여 '① 시혜법인의 매출 · 매입거래처를 수혜법인으로 대체, ② 시혜법인의 거래단계에 수혜법인을 끼워넣기, ③ 시혜법인이 매출 · 매입을 중단하고 수혜법인으로 대체'한 경우로 사업기회의 제공에 따른 증여 유형을 분류(예시)하여 실무에 활용하고 있다.

● 특수관계법인으로부터 제공받은 사업기회이익 증여의제

상속세 및 증여세법 제45조의 4 (특수관계법인으로부터 제공받은 사업기회로 발생한 이익의 증여의제) ① 지배주주와 그 친족이 직접 또는 간접으로 보유하는 주식보유비율이 100분의 30 이상인 법인이 지배주주와 대통령령으로 정하는 특수관계에 있는 법인(대통령령으로 정하는 중소기업과 그 밖에 대통령령으로 정하는 법인은 제외한다)으로부터 대통령령으로 정하는 방법으로 사업기회를 제공받는 경우에는 그 사업기회를 제공받은 날이 속하는 사업연도의 종료일에 그 수혜법인의 지배주주 등이 다음 계산식에 따라 계산한 금액을 증여받은 것으로 본다.

12

가족법인에게 부동산 증여 시 가족법인의 주주에게 증여세 과세사례

CASE

자산가 A씨는 강남에 부동산을 개인 소유로 여러 채를 가지고 있었다. 나이가 80세가 다되어 상속을 준비해야만 했다. 주위에서 이야기를 들으니 자녀들로 구성된 가족법인을 만들고 본인의 부동산을 증여하면 가족법인은 부동산 수증에 대한 자산수증이익으로 법인세만 내면 된다고 들었다. 아무래도 50%의 증여세보다는 대략 22%의 법인세가 유리할 것 같았다.

현장추적

국세청은 자산가 A씨의 자녀들이 만든 가족법인을 조사하던 중 자산가 A의 부동산을 가족법인에게 증여한 사실을 파악하였다. 법인의 수증자산을 파악한 결과 기준시가 15억원으로 자산수증이익이 계상되어 있었다. 국세청은 가족법인에 증여한 부동산을 감정평가하여 시가 40억원으로 경정하여 법인세 6억원 및 가족법인의 주주들에게 증여세 각각 3억씩 고지하였다.

절세 Tip

지배주주와 그 친족이 직접 또는 간접으로 보유하는 주식보유비율이 100분의 30 이상인 법인(가족법인)이 지배주주의 특수관계인과 다음 각 호에 따른 거래를 하는 경우에는 거래한 날을 증여일로 하여 가족법인의 주식보유비율을 곱하여 계산한 금액을 그 가족법인의 지배주주 등이 증여받은 것으로 본다. 단, 증여받은 것으로 보는 경우는 같은 항에 따른 증여의제이익이 1억원 이상인 경우로 한정하므로 가족법인의 주주지분율을 최대한 분산시키는 것이 유리하다. 또한 부동산등은 기준시가가 아닌 감정가액으로 산정하여 증여의제 세부담을 계산하여야 한다.

가족법인주주	자녀1	자녀2	자녀3
지분율	30%	30%	40%
감정가액 40억원	12억원	12억원	16억원
법인세 20%가정	2.4억원	2.4억원	3.2억원
증여의제금액	9.6억원	9.6억원	12.8억원
증여의제해당여부	해당	해당	해당

* 상증세법 시행령 제34조 5 제5항 : 증여의제금액은 인별로 연간 1억원 이상인 경우 적용

관련 법령

● **상속세및증여세법 제45조의 5 [특정법인과의 거래를 통한 이익의 증여 의제]**

① 지배주주와 그 친족이 직접 또는 간접으로 보유하는 주식보유비율이 100분의 30 이상인 법인이 지배주주의 특수관계인과 다음 각 호에 따른 거래를 하는 경우에는 거래한 날을 증여일로 하여 그 특정법인의 이익에 특정법인의 지배주주등이 직접 또는 간접으로 보유하는 주식보유비율을 곱하여 계산한 금액을 그 특정법인의 지배주주등이 증여받은 것으로 본다.

1. 재산 또는 용역을 무상으로 제공받는 것
2. 재산 또는 용역을 통상적인 거래 관행에 비추어 볼 때 현저히 낮은 대가로 양도 · 제공받는 것
3. 재산 또는 용역을 통상적인 거래 관행에 비추어 볼 때 현저히 높은 대가로 양도 · 제공하는 것

3의2. 불균등 감자 등 대통령령으로 정하는 자본거래를 통하여 이익을 분여 받는 것 (2025.03.14 신설)

4. 그 밖에 제1호부터 제3호까지의 거래와 유사한 거래로서 대통령령으로 정하는 것

● **상증령 제34조의 5 [특정법인과의 거래를 통한 이익의 증여 의제]**

⑤ 법 제45조의5 제1항을 적용할 때 특정법인의 지배주주와 그 친족이 증여받은 것으로 보는 경우는 같은 항에 따른 증여의제이익이 1억원 이상인 경우로 한정한다.

13 가족법인에게 무상대여한 금전의 증여의제금액이 상속재산에 합산

CASE

중견기업을 운영하는 B씨는 자녀에게 가업상속을 할 예정이었다. 하지만 세법에서 규정하고 있는 가업상속공제 요건에 해당 되지 않아 자녀 명의로 신설회사를 설립하였다. 새로운 자녀 명의의 신설회사는 중견기업을 운영하는 B씨의 제조품목과 유사하게 사업을 유지하며 신제품으로 아버지의 회사매출을 이전시킬 계획이었다. 하지만 자녀가 신설회사를 만들기 위해서는 기계장치 및 토지등 200억원이 필요했다. 자녀는 우선 자본금 1억짜리 신설회사를 만들고 신설회사가 무이자로 200억원을 아버지로부터 차입하였다.

현장추적

4년 후 중견기업을 운영하는 B씨가 사망하자 국세청은 상속세조사에 착수하였다. B씨가 자녀회사에게 대여한 대여금 200억원은 상속재산으로 확인하였다. 하지만 자녀회사에 무상으로 대여한 사실을 확인하고 국세청고시이자율 4.6% 로 계산한 증여의제금액 9.2억원에 대해 4년간 자녀에게 증여의제로 보아 추가적으로 증여세를 과세하고 다시 상속재산에 합산하여 상속세 20억원을 고지하였다.

절세 Tip

부모가 자녀의 가족법인에게 대여한 대여금은 원칙적으로 법인에서 이자를 받아야 한다. 하지만 이자를 지급 받는 개인은 사금융에 해당되어 27.5% 원천징수와 높은 이자소득세를 부담하여야 한다. 따라서 부모 등이 자녀의 가족법인에게 자금을 무이자로 대여하게 된다. 하지만 가족법인의 지배주주가 자녀이므로 간접적으로 무이자에 대한 혜택을 연간 1억원 이상 이익을 얻는 경우에는 추가적인 증여세를 부담하여야 한다. 따라서 무상대여이자가 연간 1억원 미만이 되도록 가수금의 규모를 적정하게 산정하여야 한다. 이와는 별도로 부모가 사망하게 되면 자녀회사에 무상으로 대여한 금전에 대한 이자를 증여로 보고 5년간 상속재산에 합산하게 된다(개인의 경우에는 10년간). 그러나 일반적으로 개인간 대여금액보다는 가족법인에게 대여할 수 있는 금액의 규모가 10배 차이가 나므로 활용범위가 크다고 할 수 있다.

구분	증여의제적용	법령	증여세 면세점
개인 무상대여	1천만원이상	상증법 제41조4	약 2.17억원
법인 무상대여	1억원이상	상증법 제45조5	약 21.7억원

* 상속발생 시 법인(상속인 이외자)의 무상대여에 대한 이자산정액은 5년간, 개인(상속인) 무상대여에 대한 이자산정액은 10년간 상속재산에 합산하게 되므로 주의한다.

관련법령 및 예규

● **상속세및증여세법 제41조의 4 [금전 무상대출 등에 따른 이익의 증여]**

① 타인으로부터 금전을 무상으로 또는 적정 이자율보다 낮은 이자율로 대출받은 경우에는 그 금전을 대출받은 날에 다음 각 호의 구분에 따른 금액을 그 금전을 대출받은 자의 증여재산가액으로 한다. 다만, 당좌대출이자율(4.6%)로 계산하며 매년 기준금액 1천만원 미만인 경우는 제외한다.

* 이 법규정은 개인간 거래에서 적용된다.

● **특정법인과의 거래를 통한 이익의 증여의제 규정이 적용되는지 여부**

특정법인 간의 금전 무상대여 거래를 통하여 얻은 청구인의 이익에 대하여 특정법인과의 거래를 통한 이익의 증여의제 규정을 적용할 수 있음(심사증여2023-9, 2023.08.16)

● **금전 무상대출 등에 따른 이익의 증여 규정을 적용하여 산정된 쟁점대여금의 이자상당액을 상속인 이외의 자 5년 이내 사전증여재산으로 보아 상속세를 부과한 처분의 당부**

피상속인이 쟁점법인에게 쟁점대여금을 무상대출하여 이익을 증여하였다고 보고, 쟁점법인이 2017년부터 2022년까지 가수금으로 계상한 쟁점대여금에 대해 당좌대출이자율(4.6%)을 적용하여 계산한 이자상당액 OOO원을 상속개시일 전 5년 이내 상속인 외의 자에 대한 사전증여재산으로 보아 상속재산에 가산하여, 2024.3.8. 청구인에게 2022.10.30. 상속분 상속세 OOO원을 결정 · 고지 하였다. 처분청은 이 건 금전무상대출이익을 상속세 과세가액에 가산하면서 이에 대한 증여세 상당액에 대한 증여세액을 공제한 점 등에 비추어 이 건 처분은 잘못이 없음(조심2024중5770, 2025.03.21)

14 부모회사를 균등 감자하여 감자이익을 가족법인으로 이전한 경우 증여세 과세

CASE

아버지 법인 A의 주주구성은 개인주주 2인(甲, 乙)과 법인주주 1인(자녀의 가족법인)으로 구성되어 있었다. 2024.12.13. 개인주주 甲과 乙의 주식 일부를 매입하여 시가보다 저가인 1주당 5,000원에 매입 소각하는 불균등 저가 유상감자를 실시할 것을 결의하였다. 결과적으로 아버지 법인의 개인주주들은 지분의 감자대가로 액면금액만을 회수하였으며 감자 후 잔존 법인주주인 자녀의 가족법인이 간접적으로 막대한 이익을 얻게 되었다.

현장추적

국세청 A법인의 주식변동조사를 실시한 결과 A법인의 개인주주가 저가 유상감자로 인하여 유상감자하지 않는 법인주주(자녀 가족법인)에게 막대한 간접이익이 이전된 것을 확인하였다. 하지만 법률 검토와 국세청 해석결과 상증세법 제45조의5의 규정에 열거되지 않는 자본거래의 형식이라 추가적인 증여세를 자녀에게 과세할 수 없었다. 이로 인해 과세관청은 이러한 변칙적인 자본거래를 대응하기 위하여 세법개정을 추진하였다.

절세 Tip

「상속세및증여세법」 제45조의 5 제1항에 따른 특정법인(B)이 주주인 내국법인(A)이 유상감자를 실시하는 경우로서 내국법인(A)의 주주 중 특정법인(B)이 이익을 분여 받은 경우, 특정법인(B)의 지배주주인 갑과 을에 대해서는 「상속세 및 증여세법」 제45조의 5 및 같은 법 제4조 제1항의 규정을 적용하여 증여세를 과세할 수 없는 것이므로 이러한 입법적 하자를 통하여 부모의 회사의 지분가치를 자녀의 가족법인으로 지분가치를 이동시켜 왔다. 그러나 2025.3.14. 법률 제20777호로 개정으로 인하여 2025.3.14.일 이후 불균등감자에 대해서는 추가적인 증여의제가 적용되므로 주의하여야 한다.

〈특수관계법인 A의 불균등 감자 후 지분 변동 사례〉

단위(주, %, 천원)

주주	감자전		불균등 감자		감자 후	
	주식수	지분율	감자 주식수	감자대가	주식수	지분율
부	5,500	55%	5,500	27,500	–	0%
모	4,400	44%	4,400	22,000	–	0%
자녀법인	100	1%	–	–	100	100%

관련법령 및 예규

- **상속세및증여세법 제45조의 5 [특정법인과의 거래를 통한 이익의 증여 의제]**

  ① 지배주주와 그 친족이 직접 또는 간접으로 보유하는 주식보유비율이 100분의 30 이상인 법인이 지배주주의 특수관계인과 다음 각 호에 따른 거래를 하는 경우에는 거래한 날을 증여일로 하여 그 특정법인의 이익에 특정법인의 지배주주등이 직접 또는 간접으로 보유하는 주식보유비율을 곱하여 계산한 금액을 그 특정법인의 지배주주등이 증여받은 것으로 본다.

  3의2. 불균등 감자 등 대통령령으로 정하는 자본거래를 통하여 이익을 분여 받는 것 (2025.03.14 신설)

- **2025.3.14. 법률 제20777호로 개정 전 불균등감자에 대한 증여의제 적용여부**

  2025.3.14.법률 제20777호로 개정 전 특정법인(B)이 주주로 있는 특수관계법인(A)이 저가로 불균등 유상 감자를 실시한 경우로서 특수관계법인(A)의 개인주주만(특정법인의 지배주주와 특수관계에 있는 자) 저가 유상감자에 참여하여 특정법인이 이익을 분여받은 경우에는 증여의제를 적용할 수 없음(사전법규재산2025-252,2025.06.25)

15 가족법인에게 주식증여 후 차등배당과 증여의제

CASE

지속적인 이익을 창출하는 중견 제조업체의 P사의 대표이사는 가업상속공제를 적용받는 가업승계 대신 자녀 여러명을 최대주주로 하는 가족법인을 설립하였다. 그리고 대표이사는 개인지분을 가족법인에게 증여하였고 가족법인은 자산수증익에 대해서 법인세를 납부하였다. 가족법인에게 대표이상의 지분 증여 후 중견 제조업체 P사는 매년간 꾸준히 차등배당을 결의하여 가족법인에게 P사의 잉여금을 이전시켰다.

현장추적

국세청은 P사의 정기세무조사 중 가족법인에게 정기적으로 차등배당한 사실을 확인하였다. 차등배당을 받은 법인은 법인세를 정상적으로 납부하였으며 법인세 차감 후 주주별로 증여의제금액이 1년 단위로 1억원미만임을 확인하였다. 또한 P사가 가족법인에게 주식을 증여 시 가족법인이 납부한 법인세가 가족법인의 주주에게 증여한 증여세를 초과하여 2차 증여의제금액이 발생하지 않는다는 것을 확인하였다.

절세 Tip

가족법인을 설립하여 모법인의 지분을 취득하여 장기적으로 차등배당을 활용하면 모법인의 가치를 가족법인으로 이전이 가능하다. 주의할점은 매년 단위로 법인세를 차감한 증여의제금액이 1억원 이상인 경우에는 증여세를 추가적으로 납부하여야 하며 10년간 증여의제금액이 합산된다.

시나리오	내 용
① 가족법인의 설립	가족법인의 지분율을 분산한다.
② 가족법인의 지분취득	가족법인에게 지분을 양도 또는 증여하여 모법인의 주주가 가족법인이 되도록 한다.
③ 배당익금불산입제도	모법인과 가족법인의 차등배당시 익금불산입제도를 활용한다.
④ 증여의제 제외	1인당 1년 단위로 증여의제금액이 1억원 미만이 되도록 한다.
⑤ 가족법인의 지분증여	가족법인의 배우자 지분을 모법인의 최대주주에게 증여하여 가지급금을 해소한다.

관련법령 및 예규

● **법인세법 제18조의 2 [내국법인 수입배당금액의 익금불산입]**

피출자법인에 대한 출자비율	익금불산입율
50% 이상	100%
20% 이상 50% 미만	80%
20% 미만	30%

* 배당기준일 전 3개월 이내에 취득한 주식 등을 보유함으로써 발생하는 수입배당금액은 제외함

● **수입배당금 익금불산입액 차감금액 계산 시 적용하는 익금불산입률**

1사업연도 중 2회 이상 수입배당금을 받은 경우로서 수입배당금 익금불산입액 차감금액 계산 시 적용하는 익금불산입률은 각각의 배당기준일 당시 피출자법인에 대한 출자비율에 따른 익금불산입률을 적용하는 것임(서면법규법인2024-2502, 2025.05.15)

● **상속세및증여세법 제45조의 5 [특정법인과의 거래를 통한 이익의 증여 의제]**

② 제1항에 따른 증여세액이 지배주주등이 직접 증여받은 경우의 증여세 상당액에서 특정법인이 부담한 법인세 상당액을 차감한 금액을 초과하는 경우 그 초과액은 없는 것으로 본다.

16 상속세 우회 꼼수 며느리·사위법인에 유증 '탈세사각지대'

CASE

중견기업 P회장은 상속세를 고민하던 중 기가막힌 방법을 찾아내었다. 피상속인이 유언을 통해 영리법인에 재산을 넘기면 해당 법인이 법인세만 납부하면 되고 상속세는 부과되지 않는다는 상속세법 규정을 찾은 것이다. 해당 법인의 주주 중 상속인 본인과 직계비속이 있는 경우에만 유증재산의 지분에 따라 상속세가 부과되지만 사위는 예외였다. P회장은 사위에게 주식회사를 설립할 것을 요청하였고 중견기업 P회장 지분을 유언을 통해 유증하였다.

현장추적

국세청은 P회장이 사망하고 제출된 상속세 신고서를 검토하던 중 놀라운 사실을 발견하였다. P회장의 사위법인에게 P회장의 회사지분 전부를 유증한 것이었다. 사위 법인은 법인세만 납부하고 유증된 재산은 상속재산에서 제외되었다. 국세청은 사위가 실질적으로 설립한 법인이 맞는지 주금 납입 등을 면밀히 검토하였지만 별다른 혐의점을 찾아내지 못했다. 국세청은 신종 편법 상속세 회피전략이라보고 기획재정부에 조속한 입법개정을 건의하였다.

절세 Tip

피상속인(사망자)의 재산이 영리법인에 유증이 이뤄진 경우 법인은 법인세를 부담하고, 법인의 주주 중 상속인 및 그 직계비속은 유증재산의 지분상당액에 대해 상속세 납부의무를 부담한다. 단, 사위나 며느리 등 상속인이 아닌 경우에는 법인세만 부과하고 상속재산에서 제외되었다. 실질 사위나 며느리 회사가 주금납입이 안되었거나 실질 주주가 상속인으로 밝혀지면 실질과세의 원칙에 따라 상속세를 부과하게 된다. 하지만 이러한 탈세사각지대를 해소하기 위해 2026년 1월 1일부터는 상증법 제3조의 2를 개정하였다.

■ 영리법인에 유증 시 상속세 납부의무자 확대(상증법 §3의 2)

<table>
<tr><th>현 행</th><th>개 정</th></tr>
<tr><td>▪ 영리법인이 수유자 또는 특별연고자인 경우 상속세 납부의무자</td><td>▪ 납부의무자 추가</td></tr>
<tr><td rowspan="2">① 상속인과 그 직계비속</td><td>① 상속인과 그 직계비속</td></tr>
<tr><td>② ①의 배우자(며느리, 사위 등)</td></tr>
</table>

* '26.1.1. 이후 상속이 개시되는 분부터 적용

관련법령 및 예규

● **상속세및증여세법 제3조의 2 [상속세 납부의무]**

① 상속인(특별연고자 중 영리법인은 제외한다) 또는 수유자(영리법인은 제외한다)는 상속재산(제13조에 따라 상속재산에 가산하는 증여재산 중 상속인이나 수유자가 받은 증여재산을 포함한다) 중 각자가 받았거나 받을 재산을 기준으로 대통령령으로 정하는 비율에 따라 계산한 금액을 상속세로 납부할 의무가 있다.

② 특별연고자 또는 수유자가 영리법인인 경우로서 그 영리법인의 주주 또는 출자자 중 상속인, 상속인의 배우자, 상속인의 직계비속 또는 그 직계비속의 배우자가 있는 경우에는 대통령령으로 정하는 바에 따라 계산한 지분상당액을 그 상속인, 상속인의 배우자, 상속인의 직계비속 또는 그 직계비속의 배우자가 납부할 의무가 있다(2025.12.23 개정)

③ 제1항에 따른 상속세는 상속인 또는 수유자 각자가 받았거나 받을 재산을 한도로 연대하여 납부할 의무를 진다.

17 회사가 상장한다는 내부정보로 취득한 주식 추가 증여세 과세

CASE

사회적으로 부와 명예를 모두 쥔 자산가 A씨는 요즘 부쩍 고민이 많다. 대학생인 자녀들에게 그동안 이뤄놓은 자산들을 물려주고 싶은데 조금만 눈을 돌리면 세금 폭탄이 기다리고 있다. 그래서 좋은 방법이 없을까 고민하던 차에 코로나 이후 빠르게 성장하는 주식에 대해 관심을 갖게 되었다. 그러던 중 때마침 주변에 알고 지내는 지인이 내실이 탄탄한 B회사인데 앞으로 상장할 것을 대비하여 차근차근 기업공개를 준비하고 있다는 내부정보를 입수하게 되었다. 주식에 대한 증여세 규정을 대강 살펴보니 최초에 주식을 취득하는데 필요한 자금만 증여세 신고를 하고 납부를 하면 그 돈으로 취득한 주식의 가치 증가분에 대해서는 과세를 하지 않는다는 것을 발견해서 이거다 싶은 생각을 가졌다. 상장 전인 B회사 주식을 자녀가 증여받은 자금으로 매입하였고 머지않아 상장되어 주가가 크게 뛰었다.

현장추적

국세청은 상장 전후로 B회사에 대한 주식의 변동을 확인하던 중 A씨와 그의 자녀들의 주식 가치 변동이 비정상적으로 큰 것을 확인하였다. A씨의 자녀들이 주식을 취득한 자금에 대해서는 정상적으로 증여세 신고와 납부가 이루어져서 문제삼지 않았으나 주식을 취득한 시기가 기업공개를 앞두고 있던 시점이고 회사와 큰 관련이 없어 보이는 A씨와 그의 자녀들에 대해서 내부정보를 활용한 것이 아닌가에 대해 확인을 하였다. 그 결과 A씨는 회사의 중요한 내부정보를 알고 있을 수 있는 지위와 영향력을 행사하고 있었고 내부에서 상장을 검토한다는 내용이 B사의 대표이사 등의 언론 인터뷰를 통해 밝혀진 바 있었고 결국엔 실제로 상장이 되어 주식이 높은 가격으로 상승하였다. 미실현이익이어도 완전포괄주의 과세원칙에 따라 재산가치 증가에 따른 이익의 증여에 해당한다고 보아 증여세 5억원을 과세하였다.

절세 Tip

최초 주식취득자금에 대한 증여 이후 주식의 가치증가로 인한 부분은 증여세가 과세되지 않으므로 효과적인 절세 방법 중에 하나이다. 그러나 내부정보 활용 시에는 그렇게 취득한 주식이 상장되어 주가가 크게 뛰고 심지어 팔지 않고 보유만 하고 있다해도 재산가치 증가에 따른 이익의 증여로 증여세가 과세될 수 있음을 확인해야한다. 재산가치 증가에 따른 이익의 증여 규정을 적용하기 위해서는 크게 세 가지 기준을 세무전문가의 도움을 받아 사전에 검토하는 것이 중요하다. 첫째, 내부정보를 얻을 수 있는 지위인가, 둘째, 내부정보가 실제로 실현이 되었는가, 셋째, 어떤 식으로 재산가치 증가에 따른 이익을 향유했는가에 대해서 전문가의 자문을 받아 금융자산을 활용한 증여 플랜을 계획해야한다.

관련 법령 및 심판례

● **상속세및증여세법 제42조의 3 [재산 취득 후 재산가치 증가에 따른 이익의 증여]**

① 직업, 연령, 소득 및 재산상태로 보아 자력(自力)으로 해당 행위를 할 수 없다고 인정되는 자가 다음 각 호의 사유로 재산을 취득하고 그 재산을 취득한 날부터 5년 이내에 개발사업의 시행, 형질변경, 공유물(共有物) 분할, 사업의 인가 · 허가 등 대통령령으로 정하는 사유(이하 이 조에서 "재산가치증가사유"라 한다)로 인하여 이익을 얻은 경우에는 그 이익에 상당하는 금액을 그 이익을 얻은 자의 증여재산가액으로 한다. 다만, 그 이익에 상당하는 금액이 대통령령으로 정하는 기준금액 미만인 경우는 제외한다.

1. 특수관계인으로부터 재산을 증여받은 경우
2. 특수관계인으로부터 기업의 경영 등에 관하여 공표되지 아니한 내부 정보를 제공받아 그 정보와 관련된 재산을 유상으로 취득한 경우
3. 특수관계인으로부터 차입한 자금 또는 특수관계인의 재산을 담보로 차입한 자금으로 재산을 취득한 경우

● **특수관계인으로부터 쟁점법인의 주식을 취득한 후 5년 이내에 쟁점법인의 분양사업으로 인한 주식가치 증가분에 대해 「상속세 및 증여세법」 제4조 제1항 제6호에 따라 증여세를 과세한 처분의 당부**

상증세법 포괄주의에 관한 법령개정의 취지 · 목적 등을 종합해보면 상증세법 제4조 제1항 제5호 및 제6호의 "제42조의 3의 경우와 경제적 실질이 유사한 경우"는 상증세법 제42조의3에서 규정하는 "개발사업의 시행"에 해당하지 아니하더라도 그와 유사한 경제적 효과를 초래할 수 있는 토지나 건물 등의 개발사업을 의미하는 것으로 해석하는 것이 합리적인 점 등에 비추어 처분청이 이 건 쟁점주식의 가치증가에 대하여 상증세법 제42조의3의 경우와 경제적 실질이 유사한 경우로 보아 증여세를 과세한 처분은 달리 잘못이 없는 것으로 판단됨 (조심2020중1576, 2021. 07. 27)

18 피상속인의 퇴직금 포기 상속인들에게 상속세 고지

CASE

경기도의 건설회사 L사 대표이사는 10년 전 회사의 퇴직금규정을 정비하면서 향후 본인이 20년 이상 회사에 근무 시 정상적인 퇴직금보다 10배정도를 더 받아갈 수 있도록 설정하였다.

그 이후 회사가 어느 정도 성장하더니 갑작스런 부동산 경기침체로 인하여 회사 경영사정은 나빠졌다. L사의 대표이사는 최근 건강이 좋지 않아 어차피 받지도 못할 퇴직금을 회사와 협의하여 퇴직금을 포기한다는 각서를 제출하였고 이에 회사는 채무면제이익으로 계상하였다. 그 이후 사우디 건설 수주에 참여하기 위하여 해외 출장을 가던 중 비행기 사고로 사망하였다.

현장추적

국세청은 L사의 대표이사의 상속세를 조사하면서 법인계정과목을 분석한 결과 상속개시 전 5년 이내에 퇴직금 포기액이 채무면제이익으로 기록되어 있는 것을 발견하고 피상속인이 생전에 포기한 퇴직금 약 16억원에 대하여 상속인이 아닌자에 대한 5년 이내 사전증여재산으로 보아 피상속인의 상속재산에 합산하여 상속세 및 가산세를 추가적으로 4억을 고지하였다.

절세 Tip

대표이사의 사망으로 발생하는 미지급퇴직금, 미지급임금, 가수금 등은 상속재산에 포함된다. 퇴직금 등을 포기하더라도 상속재산에 포함되므로, 대표자의 사망 전에 〈주주총회를 통한 정관변경〉을 통하여 퇴직금 지급배수를 조절하는 것이 중요하다.

■ **법인부채계정의 상속재산 포함여부**

회사	항목	상속재산평가
법인채무면제이익으로 법인세과세	상속개시 전 미지급퇴직금 포기	5년이내 포함
	상속개시 후 미지급퇴직금 포기	포함

관련 심판례

● 대표이사 사망 시 포기한 퇴직금 상속재산 포함여부

쟁점퇴직금을 포기한 후 5년 이내인 11. 5. 27. 상속이 개시되었고, OOO은 이에 대하여 채무면제이익으로 회계처리한 이상, OOO이 당해 채무의 면제로 얻은 이익은 피상속인이 상속인이 아닌 자에게 증여한 재산가액으로 봄이 타당함. 이 건의 경우 피상속인이 2010. 11. 30. 쟁점퇴직금을 포기한 후 5년 이내인 2011. 5. 27. 상속이 개시되었고, 이 건 법인은 이에 대하여 채무면제이익으로 회계처리한 이상, 이 건 법인이 당해 채무(쟁점퇴직금)의 면제로 얻은 이익은 피상속인이 상속인이 아닌 자에게 증여한 재산가액으로 봄이 타당함(조심2013서2501, 2013. 09. 16)

● 지급하지 아니하기로 결의한 피상속인의 퇴직금을 상속재산가액에 포함하지 않음

쟁점법인의 정관에 '퇴직한 임원의 퇴직금은 주주총회의 결의로 정한다'라고 규정하고 있고, 쟁점법인의 주주총회에서 전회장인 피상속인의 유지에 따라 상속인들이 퇴직금에 대한 권리를 주장하지 않기로 뜻을 밝힘에 따라 쟁점퇴직금을 지급하지 아니하기로 결의하였는바, 쟁점퇴직금을 청구할 권리가 상속되었다고 보기 어렵다고 판단됨(조심2018서3886, 2019. 06. 20)

19 홀인원 기념으로 친구들에게 준 30억 상속인들에게 상속세 폭탄

CASE

S골프장 K회장은 유명 골프광이었다. 평상시 타당 10만원의 내기골프를 즐기면서, 자기는 골프장에서 죽는 것이 소원이라 늘 말하곤 했다. 호탕한 K회장은 인생의 무상함을 깨닫고 많은 내연녀들을 만나기 시작했다. 어찌된 일인지 내연녀들끼리도 형님 동생하는 사이로 K회장과 좋은 관계가 유지되었다. K회장은 일년에 한번씩 내연녀 전체를 골프장에 초청해 골프를 즐기곤 했다. 작년 한참 더운 여름날 K회장은 제15번째 홀 Par3에서 홀인원을 하면 내연녀들에게 각각 5억원씩을 주겠다고 약속하고 기적같은 홀인원을 하였다. K회장은 매우 당혹스러웠지만 약속을 지키기 위해 30억원을 현금인출해 나누어 주었다. 그 날 참석한 내연녀 숫자가 무려 6명이었기 때문이었다. 올해 K회장은 건강이 급속도로 악화되었고, 내연녀들은 연락이 되지 않은 채 쓸쓸한 죽음을 맞았다.

현장추적

국세청은 K회장의 상속세 조사를 진행하던 중, 최근 2년 이내에 은행에서 대규모의 현금인출을 확인하였다. 현금의 인출에 대해 상속인들에게 소명을 요구하였으나, K회장의 부인은 미치고 환장할 노릇이었다. 살아 생전 여자들하고 골프치면서 논다는 소리는 들었지만 돈의 행방은 아무리 찾아도 알수 없는 노릇이었다. 국세청은 소명하지 못한 30억원을 상속재산으로 추정하고 상속세 15억원을 추가 고지 하였다.

절세 Tip

현행 「상속세및증여세법」 제15조에서 피상속인이 재산을 처분하여 받은 금액이나 재산에서 인출한 금액이 ① 상속개시일 전 1년 이내에 재산종류별로 계산하여 2억원 이상인 경우와 ② 상속개시일 전 2년 이내에 재산종류별로 계산하여 5억원 이상인 경우로서 용도가 객관적으로 명백하지 아니한 경우에는 이를 상속받은 것으로 추정하여 상속세 과세가액에 산입하도록 규정하고 있다.

상속인이 해당 거래내역을 알 수 없어 해당금액의 사용처를 구체적으로 소명하지 못할 경우에는 해당금액을 상속받지 않았음에도 불구하고 상속재산으로 추정하여 과세하게 되는 것이다. 그리고 이러한 상속추정 규정은 전적으로 상속인에게 입증책임을 부여하고 있어 주의가 요구된다. 평소 금융거래 내역을 면밀하게 기록하고 재산처분금액이나 예금인출액 등에 대해서는 거래상대방, 지출근거가 되는 계약서 등 관련 증빙자료를 잘 보관할 필요가 있다.

대상기간	입증책임
상속개시일 소급 2년 이내 현금인출	상속인에게 입증책임
상속개시일 소급 2년 이전 현금인출	과세관청에 입증책임

관련 법령

● **용도가 객관적으로 명백하지 아니한 경우'에 상속세과세가액에 산입함**

'용도가 객관적으로 명백하지 아니한 경우'에 해당한다고 보아 이를 상속세과세가액에 산입하도록 한 구 상증법 제15조 제1항 제1호는 과잉금지원칙에 위배되어 청구인의 재산권 등을 침해한다고 할 수 없음(헌재2010헌바342, 2012. 03. 29)

● **상속추정에 대한 국세청 15-11-4 [용도가 객관적으로 명백하지 아니한 경우]**

① 피상속인이 재산을 처분하여 받은 금액이나 피상속인의 재산에서 인출한 금전 등 또는 채무를 부담하고 받은 금액을 지출한 거래상대방이 거래증빙의 불비 등으로 확인되지 않는 경우

② 거래상대방이 금전 등의 수수사실을 부인하거나 거래상대방의 재산상태 등으로 보아 금전 등의 수수사실이 인정되지 않는 경우

③ 거래상대방이 피상속인과 특수관계에 있는 자로서 사회통념상 지출사실이 인정되지 않는 경우

④ 피상속인이 재산을 처분하거나 채무를 부담하고 받은 금전 등으로 취득한 다른 재산이 확인되지 않는 경우

⑤ 피상속인의 연령·직업·경력·소득 및 재산상태 등으로 보아 지출사실이 인정되지 않는 경우 업무집행 기준

20 골프장 비밀벙커에 숨겨둔 금괴·달러 등 P회장 사망 후 5년 뒤 끝내 국세청에 덜미

CASE

S골프장 K회장의 사망 후, 내연녀들에게 간 현금에 대해 본 부인이 상속세를 추징받았다는 소문을 듣고 K회장의 친구인 P회장은 평소에 만나던 내연녀들을 싹 정리하였다. 그리고 생전에 통장에 있는 재산을 정리하여 대부분 골드바와 달러로 바꾸었다. 골프장을 운영하던 P회장은 15홀 근처 벙커 옆에 대규모로 지하벙커 공사를 한 후, 재산을 은닉하였다.

현행 상속세법 규정이 사망 2년 전 재산의 인출에 대해서는 국세청이 찾아내지 못하면 상속세를 과세하지 못한다는 조언을 전문가로부터 들었기 때문이었다. K회장의 어리석음을 술자리에서 늘 이야기 하던 P회장은 3년 후 자녀들에게 은닉재산에 대하여 유언을 한 후 사망하였다.

현장추적

국세청은 P회장의 상속세 조사를 진행하던 중, 사망하기 3년 전에 대규모의 현금인출을 확인하였다. 상속조사 당시에는 현금 50억원의 행방을 찾을 수 없었지만 최근 상속인들이 은행차입금을 대규모로 상환하였고, 부동산을 구입한 사실에 대해 소명요구를 한 후 누락된 상속재산 50억원을 밝혀내고 상속세 및 가산세 30억원을 추가로 고지하였다.

절세 Tip

국세청에서는 상속세 조사가 끝난 후에도 상속재산의 가액이 30억원 이상 되는 고액 상속인의 경우에는 주요재산의 증가에 대한 사후관리를 하고 있음에 유의해야 한다. 또한 「부채 상환에 대한 해명자료 제출 안내문」을 우편으로 발송하고 있다.

사후관리 요건	① 결정된 상속재산의 가액이 30억원 이상인 경우로서
	② 상속개시일부터 5년이 되는 날까지의 기간 이내에
	③ 상속인이 보유한 부동산, 주식, 금융재산, 서화, 골동품, 그 밖에 유형재산 및 무체재산권 등의 가액이
	④ 상속개시 당시에 비하여 크게 증가한 경우에는 그 결정한 과세표준과 세액에 탈루 또는 오류가 있는지 조사하여야 한다.

만약 상속세 조사 이후 위 사후관리 요건에 해당하여 국세청의 확인결과 당초 누락된 상속재산으로 부채를 상환하였거나 부모가 자녀의 부채를 상환해 준 경우 등 사실이 발견되면 상속세를 재조사하여 누락된 상속세 및 증여세를 추가로 부과하게 된다. 이 경우 은닉된 상속재산에 대하여는 누락된 상속세액의 40%에 해당하는 신고불성실가산세가 추가로 계산되어 거액의 세액을 추가로 납부해야 함에 유의해야 한다.

관련 법령

- **상속세및증여세법 사무처리규정 제55조 [고액상속인의 사후관리]**

지방국세청장(조사담당국장) 또는 세무서장(재산세과장)은 법 제76조 제5항의 고액상속인에 대하여 연 1회 이상 자체 계획을 수립하여 사후관리 하여야 한다.

고액상속인(30억원 이상)의 경우, 국세청은 재산 증가에 대한 사후관리를 하고 있다.

21 금융실명제법 시행으로 차명주식 돌려받으니 증여세에 또 다시 증여세로 세금폭탄

CASE

대학때 경제학을 전공했던 E회장은 65세가 되면서 본업을 접고, 본격적으로 주식투자에 뛰어들었다. 1980년대는 공모주가 한참 인기있었던지라, 공모주를 많이 청약하기 위해서는 자녀의 계좌를 활용하여야만 했다. 3명의 자녀의 계좌로 청약을 받은 E회장은 삼성동에 사무실을 두고 자녀의 계좌를 계속 불리기 시작했다. 자녀의 계좌는 E회장 덕분에 약30억 정도로 평가가 되었다. 현재 78세인 E회장은 금융실명제법이 시행되면서, 차명계좌 증여추정규정을 적용받지 않기 위하여 실질 본인의 주식을 자녀의 계좌에서 가져오기로 맘을 먹고 증권대체를 통하여 본인의 증권계좌로 주식을 이전받았다.

현장추적

국세청은 증권사별 주식대체에 대하여 증여세 조사를 하던 중, E회장과 직계비속간의 30억 주식대체 계좌를 발견하게 되었다. 국세청은 E회장에게 주식을 대체받게 된 경위에 대하여 소명요구를 하였고, E회장은 자녀로부터 대체받은 주식은 원래 본인의 것이라고 주장하였다. 이에 국세청은 신빙성이 부족하다고 판단하고 최초 E회장이 자녀통장으로 공모주 청약대금을 이체할 때 증여세 및 가산세 2억원을 고지하고, 다시 자녀가 E회장에게 주식대체를 한 30억원에 대하여 증여세 및 가산세 9억원을 고지하였다.

절세 Tip

「상속세 및 증여세법」 제45조가 2013년 1. 1. 이후부터 개정 적용됨에 따라 실명이 확인되는 계좌 또는 외국의 관계법령에 따라 이와 유사한 방법으로 실명이 확인된 계좌에 보유하고 있는 재산은 '명의자'가 그 재산을 취득한 것으로 추정한다. 또한 차명계좌에 입금만 하더라도 입금 시점을 증여시기로 추정하여 증여세로 과세가 가능하게 되므로 주의하여야 한다. 은행마다 다르지만 특약으로 예금통장 실제 소유자가 있음을 설정하거나 차명계좌의 이자 및 배당 소득을 계좌 명의자가 아닌 본인 스스로가 신고 납부하는 경우 증여의사가 없는 차명계좌로 간주 될 수 있다. 단, 차명계좌를 환원하는 경우 차명을 명확하게 입증을 못하게 되면 재차 증여의 문제가 발생하므로 반드시 전문가와 상의 후 결정하여야 한다.

구분	세금리스크
차명계좌 입증시	– 이자, 배당소득세 금융종합과세 재합산 – 차명주식인 경우 명의신탁증여의제적용 증여세과세
차명계좌 입증 실패시	– 최초 증여에 대하여 증여세 및 가산세 – 반환 증여에 대하여 증여세 및 가산세

* 이 규정은 2013년 1월 1일 이후 신고하거나 결정 또는 경정하는 분부터 적용되므로 과거로부터 존재하는 차명계좌도 적용이 된다. 따라서 금융전문세무사와 상담을 하여 차명계좌 환원시 세무방어전략을 세워야 한다.

관련 심판례

● **망인이 실질적으로 관리한 차명계좌에 해당하여 상속세 과세는 적법함**

부동산취득자금으로 사용된 계좌의 금융거래신청서의 서명 필체가 망인의 필체이고 금융거래신청서 실명확인 란에 망인의 주민등록증이 부착되어 있으며 거래 인감도장도 망인의 것으로 등록되어 있으며 예금 출금전표에도 망인의 도장이 날인되어 있는 점 등으로 보아 차명계좌에 해당함(대법2014두8032, 2014. 09. 05)

● **주식 관리방식 등에 대한 청구 주장에 합리성이 있으므로 차명계좌로 볼 수 없음**

쟁점계좌의 자금원천을 확인하지 못하고 검찰수사 진술내용 등과 같은 간접자료만으로는 곧바로 차명계좌로 단정할 수는 없고, 주식의 관리방식 등에 대한 청구인의 주장에 합리성이 있어 보이는 점 등에 비추어 쟁점계좌를 차명계좌로 보아 과세한 처분은 잘못이라고 판단됨(조심2011서2243, 2011. 11. 10)

22 제주도 L회장 토지에 자식이 호텔지어 임대했더니 증여세 과세

CASE

제주도가 고향인 L회장은 일치감치 성산포일대에 토지를 매입하여 두었다. 언젠가는 제2의 하와이가 될것으로 확신했기 때문이었다. 최근 신공항의 발표로 땅값은 천정부지로 뛰어올랐고, L회장은 레지던스 호텔임대사업을 하기로 맘을 먹었다. 기준시가 약 50억원 땅에 아들 2명의 명의로 호텔을 지어 호텔임대수익을 아들들에게 귀속시키면, 향후 상속세도 줄일수 있고 아들들이 벌어들인 임대수익으로 본인의 토지도 매수하면된다는 생각이었다.

현장추적

국세청은 L회장의 제주토지에 대한 자금출처조사를 시행하던 중, L회장의 토지위에 건설된 호텔의 명의가 두명의 아들임을 밝혀내고, 두명의 아들의 자금출처조사를 하였으나 대출 등으로 자금출처가 입증되어 무혐의 처리하고, 반면 토지무상사용이익에 대한 증여세 및 소득세 약 4억원을 고지하였다.

특수관계인의 부동산을 무상으로 사용함으로써
이익이 1억원 이상이라면 증여세를 과세

절세 Tip

상속세및증여세법 제37조 [부동산 무상사용에 따른 이익의 증여]에 따르면 특수관계인의 토지나 건물 등의 부동산을 무상으로 사용함으로써 이익을 얻은 경우에 그 무상사용이익이 〈1억원〉 이상이라면 무상으로 사용한 자에게 증여세를 과세한다. 부동산에 대한 무상사용이익은 향후 5년 동안 발생하는 매연도의 부동산 무상사용이익을 현재가치로 환산하여 아래의 계산식에 따라 계산하며, 5년이 경과하면 기간 경과 후 다시 증여세를 과세한다.

부동산무상사용이익 = 부동산가액×2%×3.79079(기간5년, 이자율 10% 정상연금 현가계수)

토지가액이 약 13.18억 이하인 경우에는 토지무상사용에 따른 증여세를 과세하지 않는다. 따라서 기존의 건물도 토지를 제외한 건물만을 증여하여 임대수익 구조를 만들어 주는 것도 좋은 방법이다. 단, 토지무상사용에 대한 소득세법상 부당행위계산부인이 적용되어 무상임대인에게 소득세가 과세되며, 상가건물등을 무상임대한 경우에는 무상임대에 대하여 소득세 및 부가가치세가 과세된다. 소득세 수입금액 및 부가가치세 과세표준은 (부동산의 시가×50%−임대보증금)×정기예금이자율로 계산한다. 단. 정기예금이자율은 매년 적용하지 아니하고 임대차계약일 현재 고시된 금액이나 이율을 기준으로 계산하여야 한다.

관련판례 및 예규

- **특수관계자에게 토지를 무상사용하게 한 경우 소득세 증여세가 과세됨**
  특수관계자에게 토지를 무상사용하게 한 경우 토지 소유자에게는 부당행위계산 부인규정을 적용하여 소득세를 과세하고 토지 무상사용자에게는 증여세가 과세되며, 이는 중복과세에 해당되지 아니함(서울행법2010구합11689, 2010. 07. 01)
- **토지 무상사용이익에 대해 증여세를 부과하고 상속재산에 가산하여 처분함**
  피상속인의 토지를 상속인에게 무상임대하여 발생한 토지무상사용이익에 대한 10년이내 증여의제금액은 상속재산에 합산하는 것임(조심2008전2402, 2009.03.30)
- **부동산 무상사용에 따른 이익의 증여 해당여부**
  토지 소유자와 함께 그 토지위에 건물을 신축하여 「소득세법」의 규정에 따른 공동사업자로서 부동산임대업 등을 영위하면서 정당한 손익분배비율에 따라 이익을 분배하거나 토지의 사용에 대한 정상적인 대가를 토지소유자에게 지급하는 경우에는 특수관계자의 부동산을 무상으로 사용하는 경우에 해당되지 않는 것임(재산−37, 2012. 02. 03)

23 D사 회장 하와이 치매병원비 브로커 제임스가 연락이 안되어 오히려 아들에게 증여세 고지

CASE

전선제조회사 D사의 김회장은 최근까지 치매 증상과 폐암으로 힘겨운 나날을 보내고 있었다. 다행히 김회장의 장남이 지극히 효자인지라 지극정성으로 간병을 하였다. 치매치료는 하와이 병원이 가장 좋다는 주위의 이야기를 듣고, 제임스라는 병원에이젼시 브로커에게 부탁하여 하와이 종합병원에서 두 달간 치료받기도 하였다. 병원비는 의료보험이 없어 장남이 본인 돈으로 제임스에게 4억원을 주었지만 실질 병원비는 얼마인지 몰랐다. 또한 아버지가 의식이 없는 상태라 조선족 간병인 두명을 고용하면서 매달 5백만원씩 2년간 약 1억2천만원이 지출되었다. 장남은 아버지가 돌아가시기 전 사업자금이 급박하게 필요하여 기존에 본인이 지출한 병원비 약 5억원을 D회장 통장에서 이체하였다.

현장추적

국세청은 D회장의 상속세를 조사하던 중, 상속개시 3년전에 장남에게 5억원이 이체된 사실을 확인하고, 소명을 요구하였으나 장남은 병원비로 본인이 대납하였다라고만 주장할 뿐, 정확한 병원비지출내역증빙을 제출하지 못하고, 또한 간병비 등에서도 현금으로 지급했다는 주장만 있어, 이를 인정하지 아니하고 사전증여로 보아 증여세를 고지하고 다시 합산하여 상속세를 고지하였다.

절세 Tip

과세관청은 상속세 조사 시 금융자료의 흐름을 면밀히 검토하게 된다. 상속인이 편의상 피상속인의 병원비를 선 지출하고 정산하여 이체를 하게 되면 향후 증여세 논란을 발생시킨다. 또한 사전증여금액에 대한 피상속인의 병원비 지출내역, 지출경위 등을 상속인이 입증하여야 하므로 굉장히 복잡한 문제가 생긴다.

따라서 피상속인의 병원비, 간병비 등은 피상속인의 계좌에서 지출하거나 신용카드로 결제하도록 하며, 간병인이 조선족일 경우에는 여권사본이나 수령확인서 등을 반드시 확보하여야만 한다. 특히 해외병원에 입원을 위해서 중간 브로커가 개입하는 경우 자금흐름을 입증하지 못하여 예상치 못한 세금이 발생될 수 있으므로 주의한다.

관련 심판례

- **상속개시일전 피상속인의 계좌에서 청구인의 계좌로 입금된 금액에 대하여 청구인이 지출한 피상속인의 부양생활비, 병원비 등을 상환 받은 것임에도 증여세를 부과한 처분은 잘못이라는 청구주장의 당부**

  피상속인의 생활비와 치료비 및 간병비용 등으로 사용되었으나 지출편의를 위해 청구인 계좌에 이체하여 사용한 것이라 주장하나, 당시 치료비 영수증, 간병인 신원정보와 간병비 지급액과 지급방법 등 주장내용을 객관적으로 입증할 서류는 제시하지 못하고 있고 피상속인의 계좌에서 금전이 인출되어 청구인의 계좌로 이체된 후 사업자금 등으로 사용된 것으로 조사된 반면 청구인이 이를 피상속인의 생활비 등으로 사용하였다고 인정하기 어려운 것으로 판단됨(조심2012중5254, 2013. 04. 02)

자금흐름을 입증하지 못하여 예상치 못한 세금이 발생

상속 · 증여세 조사사례 11가지

1 배우자 생활비 등 사전증여재산을 상속세 부당하게 과소신고

정밀 금융조사를 통하여 피상속인이 처 명의로 대형아파트를 취득하면서 중도금까지 지불한 사실을 확인하여 증여세를 과세하고, 동 증여가액에 해당하는 금액을 배우자 상속공제에서 차감하고 상속재산에 합산하여 과세함. 또한 배우자에게 지급한 생활비 규모가 과다하여 금융자료 확인결과 사전증여금액으로 판단되어 증여세를 추가고지하고 상속재산에 합산함.

2 가등기 부동산 등의 상속재산 신고누락

부동산 등 상속재산 신고누락 여부를 DB조회 확인 후 가등기권리 부동산 등을 상속재산에 산입하여 과세하고, 상속재산 중 소득세 신고 시 대차대조표에 자산으로 계상되어 있으나 신고 누락한 시설장치 등을 상속세 과세가액에 포함함.

3 피상속인 금융재산 인출내역 확인 사전증여세 및 상속세 과세

피상속인의 상속개시 전 처분부동산 출금내용 및 상속인 취득자산의 입금원천을 확인하기 위하여 피상속인의 금융 입출금전표 및 수표사본 징취 입증자료를 확보하여, 상속인 예금의 입금원천 및 부동산 구입자금 수증혐의를 확인하고, 사전증여세 및 상속재산 합산하여 과세함.

4 부동산 양도대금의 상속세 신고누락

부동산 취득자(법인)로부터 지급된 수표발행 내역을 확인한 바, 자기앞수표 200여장으로 발행하여 수령하였음이 교환된 수표 실물 이서내용으로 확인되어, 이서내용에 따라 금융조사한 바 자녀에게 현금증여분 ○,○○○백만원, 중개수수료 ○○○백만원, 상속개시일 현재 금융자산 신고누락액 ○○○백만원을 적출함.

5 상속세 신고 시 공제한 구상권 행사가 가능한 채무공제부인

세법상 상속재산가액에서 공제할 수 있는 보증채무는 피상속인이 부담하고 있는 보증채무 중 주채무자가 변제불능의 상태로서 상속인이 주채무자에게 구상권을 행사할 수 없다고 인정되는 부분에 상당하는 금액임, 주채무자의 변제불능 상태의 요건을 확인하기 위하여 예규 및 판례 등을 종합적으로 검토하였으나, ○○법인이 결손법인으로 자본 잠식 상태에 있으나 계속사업자로서 채무변제 불능상태로 볼 수 없으므로 채무공제를 부인하고 상속세를 추징함.

6 처, 자 및 사위 명의로 예금한 피상속인의 차명 금융재산을 상속재산에 가산

피상속인이 사망하기 전 1년 이내에 정기예금을 정리하는 과정에서 처, 자 명의의 정기예금이 동시에 정리 및 재입금되어 피상속인의 차명금융재산 혐의를 두고 금융거래내역을 확인한바, 처, 자 명의의 예금이 상속개시일 전에 통합된 후 일부만이 재분리되었고, 피상속인이 사망전에 자녀들에게 일체 피상속인의 예금계좌 운영에 관하여 전혀 언급한 사실이 없고 상속개시일 이후에 동자금이 재차 통합된 사실을 밝혀 피상속인의 차명금융재산 누락임을 밝혀냄.

7 손자에게 사전증여한 외국유학비 송금액 신고누락

10년 이내 처분한 금융재산을 면밀히 조사하던 중, 처분한 금융재산 중 외국 송금액을 상당수 발견하고, 상속인에 사용처를 확인한 바 외국유학중인 손자의 유학비로 확인되어 사전증여세를 고지하고, 5년 이내 유학자금으로 증여한 재산을 상속재산으로 합산하여 과세함.

8 부동산 허위(다운)매매계약서로 신고한 건에 대한 실지거래금액 적출

상속토지를 상속인이 (주)○○○에게 ○○년 ○월에 ○,○○○백만원에 양도한 금액으로 신고(감정가액 대비 139%, 개별공시지가 대비 77%), 상속개시일 이후 6개월내 양도된 것으로 물건 소재지 인근 중개업소 방문으로 시세확인 및 현지확인한 바 지하철역 인근에 소재하는 등 접근성과 편리성이 매우 양호한 것으로 보아 신고금액과 매매실지거래금액과의 차액이 상당할 것으로 판단하여, 취득법인 (주)○○○에게 실계약서 및 관련증빙서류 제출 요구하여, 제출받은 법인 관련 통장에 대하여 금융조사 결과 실지거래금액을 확인하여 차액 ○○○백만원을 상속재산에 가산함.

9 상속개시일 전 인출된 예금 사전증여 신고누락

피상속인 ○○○는 2003년에 암으로 사망하였으며 사후 자녀들간에 사전상속재산에 대한 다툼을 방지하기 위하여 상속 개시 전 모든 부동산을 사전 증여하여 상속개시일 현재 위 사전증여재산 외 순수 상속재산 없었음을 착안하여, 피상속인의 부동산 임대 수입금액이 입금된 금융자료에 대해 입출금내역을 조사한 바 인출금액 중 ○○○백만원이 처 및 자의 부동산 취득자금에 사용된 사실을 확인 및 피상속인의 특수관계자간 아파트분양권을 저가양도로 인한 양도소득금액 신고누락 ○○○백만원을 적출함.

10 고액 상속세 신고자의 가공채무 계상

80세의 고령이고 투병으로 거동이 불편하였음에도 사채 및 사업관련 외상채무가 있는 점에 착안하고, 재산조회 현황을 통한 피상속인의 토지 수용 사실이 있어 사전 상속 혐의가 있는 점을 확인한바, 피상속인의 사업관련 외상채무 등은 관련 채권자를 개별적으로 자금대여과정 및 채권발생 사유와 금융거래 내역을 병행 확인하여 가공채무액임을 적출함. 또한 피상속인의 대출금을 상속인이 사용한 ○○○백만원 및 피상속인의 토지수용대금 ○○○백만원 사전상속 등 증여가액 ○○○백만원을 확인하여 과세함.

11 피상속인의 차명주식 신고누락 적출

통상 퇴사한 주주임원은 피상속인과 소원한 관계에 있으므로 퇴사임원의 진술을 통해 차명주식 등재 여부를 파악할 수 있다고 착안, 피상속인의 차명주식에 대하여 퇴사한 임원을 통해 차명등재여부를 파악하고, 기 사망한 주주를 파악하여 사망일 이후 양도분을 확인함으로써 피상속인의 차명주식 상속재산 신고누락 적출함.

현직 세무사가 알려주는

상속 · 증여 국세청 과세사례

Ⅲ

정글같은 삶속에서 벌어지는 상속증여 세금전쟁 이야기

보험상품과 상속·증여세 세무이슈

1

상속포기 시 생명보험금은 유가족의 고유재산

CASE

건설업을 경영하던 대표이사 P씨는 평소에 건강에 자신이 있었다. 그러나 최근 무리해서 비즈니스를 수행하다가 심근경색 증상이 일어나 갑작스레 사망하고 말았다. P씨의 아들은 아버지의 사망신고 후 〈안심상속 원스톱서비스〉를 통해 상속재산 조회를 하고는 깜짝 놀랐다. 아버지의 자산보다 부채가 훨씬 더 커서 상속포기를 할 수 밖에 없는 상황인 것이다. 아버지의 사망이라는 슬픔을 감당하기도 힘든데 앞으로 어머니와 어린 동생을 데리고 살아갈 일이 더 막막했다.

현장추적

■ 상속세추정액

재산평가	50억	100억	200억
평균세율	15%	30%	40%
세부담율	약 7억5천만원	약 30억원	약 80억원

*배우자 생존, 부동산 기준시가평가 가정

■ 상속증여세율표

과세표준	세율	산출세액
1억원이하	10%	과세표준액 × 10%
1억원 초과~5억원 이하	20%	1천만원+1억원 초과액 × 20%
5억원 초과~10억원 이하	30%	9천만원+5억원 초과액 × 30%
10억원 초과~30억원 이하	40%	2억4천만원 +10억원 초과액 × 40%
30억원 초과	50%	10억4천만원 +30억원 초과액 × 50%

*기초공제 5억원, 배우자공제 5억원~30억원, 금융재산공제 2억원 등, 배우자가 민법상 법정지분이 40%인 경우, 상속재산이 100억에서 배우자지분 40억을 본인으로 이전하더라도 30억까지만 배우자 공제가능

절세 Tip

사망보험금은 상속인의 고유재산이므로 피상속인의 채무 상황과 무관하게 상속인이 수령 가능하다. 피상속인이 자산보다 부채가 크다면 상속인은 상속개시가 있음을 안 날로부터 3개월 내에 상속포기 신청을 가정법원에 해야 채무가 승계되지 않는다. 사망보험금은 간주상속재산으로 간주하여 상속세는 납부하여야 하므로 상속을 포기한 경우에도 상속세 납부의무는 있다.

한편 사망보험금은 상속인의 고유재산이므로 수익자가 지정된 경우 협의분할 대상이 되는 상속재산도 아니다. 만약에 계약자와 수익자를 소득이 있는 동일인(ABA TYPE)으로 지정을 하게 되면 피보험자가 사망하여 사망보험금이 발생하더라도 세법상 상속재산에 포함되지 않아 절세할 수 있다.

관련법령 및 판례

● **상속세및증여세법 제8조(상속재산으로 보는 보험금)**

① 피상속인의 사망으로 인하여 받는 생명보험 또는 손해보험의 보험금으로서 피상속인이 보험계약자인 보험계약에 의하여 받는 것은 상속재산으로 본다. ② 보험계약자가 피상속인이 아닌 경우에도 피상속인이 실질적으로 보험료를 납부하였을 때에는 피상속인을 보험계약자로 보아 제1항을 적용한다.

● **상속포기 시 생명보험금의 유가족 고유재산 여부**

생명보험의 보험계약자가 스스로를 피보험자로 하면서, 수익자는 만기까지 자신이 생존할 경우에는 자기 자신을, 자신이 사망한 경우에는 '상속인'이라고만 지정하고 그 피보험자가 사망하여 보험사고가 발생한 경우, 보험금청구권은 상속인들의 고유재산으로 보아야 할 것이고, 이를 상속재산이라 할 수 없다(대법원 2001. 12. 28. 선고 2000다31502 판결)

● **상속포기 시 생명보험금의 고유재산 판단**

보험상품	지급사유	상속포기 시
보장성보험	사망보험금	유가족 고유재산
저축성보험	해약환급금	유가족 고유재산 불명확
	사망위로금	유가족 고유재산

2 유언대용신탁과 생명보험계약 결합

CASE

P회장에게 남다른 고민이 있다. P회장의 어릴적 유순하던 장남이 40살이 다 되어가지만 변변한 직업도 없이 사업자금으로 계속 손을 벌리고 있다라는 것이었다. P회장이 사망하면 상속재산을 사업자금으로 모두 날릴 수도 있어 이만저만 걱정이 아니다. P회장이 죽더라도 상속재산을 사후에도 관리하고 싶었다.

현장추적

■ 유언장 vs 유언대용신탁

구분	유언장	유언대용신탁
효력발생	사망 후	계약기간
작성방식	자필증서, 공증증서 등	위탁자와 수탁자의 계약
작성범위	재산배분	재산배분, 조건배분, 연속지정배분
검인(공증)절차	필요	불필요(별도 유언장작성, 분쟁예방)
내용변경	보증인 2명 입회	생전 계약자 변경가능
수증자지정	특정 1세대	세대연속자 지정가능
만료시점	유언집행시점	계약종료시점
비용	유언집행비용	신탁보수(서비스비용별도)
분쟁발생여지	유언분쟁가능성	사전조율로 분쟁가능성 최소화
유류분	유류분청구소송가능	유류분청구소송가능

*현재 금융권의 유언대용신탁의 재산은 현금, 부동산, 유가증권에 한한다.

절세 Tip

사후에도 피상속인이 상속인의 재산을 관리할 수 있는 금융권 유언대용신탁을 활용하도록 권유한다. 피상속인이 생전에 신탁회사와 법적계약을 통하여 조건부 상속이 가능하다. 「자본시장법」 제103조(신탁재산의 제한)에서 신탁재산 운용대상은 현금, 부동산, 유가증권을 포함하나 민법상 고유재산인 보험청구권은 신탁을 설정할 수 없다.

따라서 신탁설정 행위와 생명보험계약이 별도로 이루어져야 한다. 유언대용신탁을 한 후 상속세 재원이 없다면 국세청은 신탁을 해지할 수 없지만 신탁재산으로부터의 수익을 압류하게 되고, 향후 신탁재산이 조건이 성취하여 이전될 때 압류 · 충당되므로 유언대용신탁의 의미가 없어지게 되기 때문이다.

관련 법령

- **신탁법 제59조(유언대용신탁)**

① 다음 각 호의 어느 하나에 해당하는 신탁의 경우에는 위탁자가 수익자를 변경할 권리를 갖는다. 다만, 신탁행위로 달리 정한 경우에는 그에 따른다.

1. 수익자가 될 자로 지정된 자가 위탁자의 사망 시에 수익권을 취득하는 신탁
2. 수익자가 위탁자의 사망 이후에 신탁재산에 기한 급부를 받는 신탁

② 제1항 제2호의 수익자는 위탁자가 사망할 때까지 수익자로서의 권리를 행사하지 못한다. 다만, 신탁행위로 달리 정한 경우에는 그에 따른다.

- **신탁법 제60조(수익자연속신탁)**

신탁행위로 수익자가 사망한 경우 그 수익자가 갖는 수익권이 소멸하고 타인이 새로 수익권을 취득하도록 하는 뜻을 정할 수 있다. 이 경우 수익자의 사망에 의하여 차례로 타인이 수익권을 취득하는 경우를 포함한다.

- **신탁법 제22조(강제집행 등의 금지)**

신탁재산에 대하여는 강제집행, 담보권 실행 등을 위한 경매, 보전처분 또는 국세 등 체납처분을 할 수 없다.

- **민법 제1108조(유언의 철회)와 민법 제1109조(유언의 저촉)**

유언자는 언제든지 유언 또는 생전행위로써 유언의 전부나 일부를 철회할 수 있다. 전후의 유언이 저촉되거나 유언 후의 생전행위가 유언과 저촉되는 경우에는 그 저촉된 부분의 전유언은 이를 철회한 것으로 본다.

3 장애인신탁과 생명보험계약 활용

CASE

14살 지체장애인 손녀를 둔 김씨(68세)는 손녀 걱정에 잠을 이룰 수 없다. 서울에 작은 아파트를 소유하고 있는 김씨는 은행을 들렀다가 우연히 장애인을 위한 특별부양 신탁제도가 있다는 사실을 알게 됐다. 스스로 재산을 관리할 수 없는 장애인을 위해 부모 등 후견인이 증여한 재산을 금융회사(신탁사)가 관리하면서 부모가 사망하더라도 생활자금을 마련할 수 있게 돕는 제도였다. 그러나 김씨는 5억원까지 증여세가 비과세되긴 하지만 만일 신탁을 해지하게 되면 면제된 세금을 물어내야 한다는 은행 쪽 설명에 가입을 망설이게 됐다. 또한 현재 5억원을 맡길 경우 연이율 1.5%로 계산하면 한 달에 62만5000원 정도의 수익이 나는데 "최저 생활비 수준에도 못 미친다"고 하소연 하면서 좋은 방안을 강구하고 싶은 상황이다.

현장추적

■ 세제혜택

장애인 비과세	직계존비속, 친척 수증금액 5억원 한도 증여세 비과세
신탁설정	자본시장법에 의한 신탁업자에게 신탁, 장애인 사망 시까지 유지
수익자설정	장애인이 수익의 전부를 수령하여야함
증여세추징	신탁원금감소나 신탁계약해지 시
증여세추징예외	의료비나 특수교육비 목적 원금인출내역 국세청 통보
신탁구조	위탁자와 수탁자가 동일한 자익신탁만 가능
장애인신탁수익	장애인 소득공제 등 혜택

■ 장애인신탁의 설정사례

편입자산	편입대상	만기	금리2%	비고
현금5억원	회사채A등급	5년	1백만원	생활비사용

절세 Tip

현재 장애인신탁제도의 문제점을 직시한다. 금융투자협회에 따르면 지난해 연말 기준 장애인신탁 가입건수는 고작 25건에 불과하다.

수탁고 기준으로는 110억원 규모다. 지난해 말 기준 국내 장애인 수만 251만1000명에 이르는 상황에서 사실상 장애인들이 찾지 않는 '장애인 전용 금융상품'인 셈이다. 증여세 비과세 한도액 5억의 투자수익으로는 장애인 생활비를 보존하는 것도 만만치 않다. 따라서 장애인신탁제도를 기본적으로 활용하되 부족한 부분을 장기적으로 채워줄수 있는 다양한 금융상품을 활용하여야 한다.

관련 예규

장애인이 증여받은 주택을 신탁업자에게 신탁하여 「상속세 및 증여세법」 제52조의 2 제1항에 따라 증여받은 주택가액을 증여세 과세가액에 불산입하였다가 해당 주택이 재건축됨에 따라 당초 신탁을 해지하고 재건축조합에 해당 주택을 신탁하는 경우 증여세가 과세됨(서면법규-406, 2014. 04. 24)

장애인이 토지를 증여받고 신탁회사에 신탁하여 과세가액불산입 받은 후 수용 등에 의해 처분되는 경우에는 2월 이내에 보상금 전액으로 같은 종류의 신탁에 가입해야 하는 것이며, 수용 등에 의하지 않은 처분 시에는 증여세가 과세되는 것임(상속증여-562, 2013. 09. 27)

장애인신탁제도 – 5억원 한도 증여세 비과세

4

자녀소득을 활용한 생명보험 상속세 절세

CASE

자산가 K씨는 금융회사에 상담결과 본인의 상속세가 약 40억원이 나온다는 이야기를 들었다. 당장 상속세 재원을 확보하지 않으면 상속인들이 상속재산을 매각해야만 하는 상황이었다.

생명보험사 FC의 권유에 따라 상속세 재원확보를 위하여 생명보험 상품을 활용하기로 하였다. 하지만 생명보험금이 세법상 상속재산에 포함된다는 주위의 이야기를 듣고 다시 고민에 빠졌다.

현장추적

■ 생명보험 계약자의 소득유형

소득구분	계약형태	생명보험금
근로소득	ABA	상속재산제외
사업소득	ABA	상속재산제외
부동산임대소득, 차등배당	ABA	상속재산제외
생활비	ABA	상속재산포함
사전증여받은 소득	ABA	상속재산포함

* ABA : 계약자, 수익자는 A, 피보험자는 B

절세 Tip

생명보험금은 민법상 고유재산이지만 세법상 상속재산에 포함시킨다. 상속세재원을 확보하기 위하여 생명보험을 계약하지만 다시 상속재산에 포함되어 절세효과가 감소되므로 가능한 계약자와 수익자를 일치시키는 계약을 하도록 한다.

여기서 중요한 것은 계약자의 적극적인 소득이 반드시 존재한다면 생명보험금에 대해 소득세 및 상속세가 과세되지 않는다. 적극적인 소득(Active Income)의 정의를 잘 활용하여 절세할 수 있다.

관련 법령

- **상속세및증여세법 제8조(상속재산으로 보는 보험금)**

  피상속인의 사망으로 인하여 받는 생명보험 또는 손해보험의 보험금으로서 피상속인이 보험계약자인 보험계약에 의하여 받는 것은 상속재산으로 본다. ② 보험계약자가 피상속인이 아닌 경우에도 피상속인이 실질적으로 보험료를 납부하였을 때에는 피상속인을 보험계약자로 보아 제1항을 적용한다.

- **상속세및증여세법 시행령 제4조(상속재산으로 보는 보험금)**

  상증법 제8조 제1항에 따라 상속재산으로 보는 보험금의 가액은 다음 계산식에 따라 계산한 금액으로 한다.

$$\text{지급받은 보험금의 총합계액} \times \frac{\text{피상속인이 부담한 보험료의 금액}}{\text{해당 보험계약에 따라 피상속인의 사망 시까지 납입된 보험료의 총합계액}}$$

상속세재원 확보를 위한 생명보험 계약 시 계약자와 수익자가 일치 되도록 한다.

5 법인보험을 활용한 이익소각 방식 상속세 재원 확보

CASE

천안에서 제조업을 운영하는 K사 대표이사는 20년간 본인의 사업에 매진하여 매출 3천억대의 중견기업을 일구어내었다. 본인의 장남이 해외유학을 갔다와서 가업승계를 하는 것이 희망이지만 요즘 젊은이들은 제조업에는 관심이 없어 보여 심각한 고민에 빠졌다. 재무이사의 보고에 따르면 현재 회사지분의 가치는 현재 약 3백억원대로 평가되고 있다고 한다.

만약 유고로 인하여 상속이 이루어진다면 당장 상속세가 100억이 필요하다는 보고를 듣고, 기업의 영속성이 보장되려면 상속세 재원확보가 가장 절실한 상황임을 인지하게 되었다. 법인자금을 활용하여 상속세 재원을 일부 확보할 수 있는지 재무이사에게 검토하도록 지시하였다.

현장추적

담당 FP는 법인의 잉여금을 활용하여 상속세 재원확보를 위한 법인계약 50억원을 시도하였다. 먼저 법인의 정관을 개정하여 임직원의 갑작스런 사망에 대하여 유족보상금을 지급할 수 있는 「임원유족지급보상금규정」을 완비하였다. 또한 대표이사의 사망보험금으로 유족보상금을 지급하고 난 뒤의 잉여보험금은 유족들이 상속받은 지분을 상속개시 당시의 시가로 〈이익소각〉을 통한 상속세 재원확보를 권유하였다.

절세 Tip

철강회사 K의 배우자는 남편 사망 후 상속받은 비상장주식을 순자산가치로 평가(시가 주당 30만원)하여 상속세 신고를 하였으며, 상속세를 납부하기 위하여 배우자가 기존에 보유하고 있던 주식과 상속받은 주식을 별개로 분리하여 남편의 상속주식 1만5천주를〈이익소각〉하여 줄 것을 회사에 요청하였다.

구분	내용	비고
①법인보험계약	계약자/수익자 법인	자산 또는 비용처리
②대표이사 사망 시	법인으로 보험금 입금	수익처리(기존 자산처리 시 차액만 수익처리)
③피상속인 비상장주식평가	입금된 보험금을 반영	순자산가치 및 순이익가치 가중평균으로 주식평가
④상속인 협의분할	배우자가 비상장주식을 상속재산으로 협의분할	배우자가 상속세 대납 시나리오(증여세 없음)
⑤배우자의 이익소각(감자)	배우자의 상속재산인 비상장주식을 이익소각	법인의 내부 보험금을 수령 후 상속세 납부

* 법인의 자금을 활용하여 상속세 재원을 만들고 향후 대표이사 사망 시 회사내부의 보험금을 상속인이 비상장주식을 상속하여 이익이나 감자를 통하여 환원시킨다. 상속세 신고 시 비상장주식평가액과 이익소각시 평가액은 일치하여 주식양도에 따른 양도소득세는 발생하지 않는다.

관련법령 및 판례

- **취득가액이 다른 동일법인 주식 감자 시 취득가액 계산(소득세법집행기준 17-27-3)**

  취득가액이 다른 주식을 보유한 개인주주의 주식을 특정하여 유상소각하는 경우, 의제배당 소득금액 계산시 취득가액은 개별주식의 가액을 입증하는 경우 그 가액을 취득가액으로 한다.

- **이익소각 시 소득의 구분**

  이익소각도 법인세법상 '주식의 소각'에 해당하며, 이 경우 의제배당으로 보아 과세할 때 주식을 취득하기 위해 사용한 금액을 초과하는 금액은 과세대상임(대법2016두56998, 2017. 02. 23)

- **이익소각을 하기 위하여 자기주식을 취득하는 경우 증권거래세**

  주식소각 목적으로 주식 발행회사에게 주식을 매도하는 경우에는 주식의 양도가 아닌 자본의 환급에 해당하므로 증권거래세 과세대상이 아님(서면소비-1948, 2015. 10. 14)

- **이익소각 시 지분증가에 따른 간주취득세**

  주식소각을 위해 자기주식을 취득함으로써 과점주주가 된 경우에도 취득세 납세의무가 없음(대법원 2010. 9. 30선고 2010두8669)

6 법인CEO 생명보험을 활용한 기업보장과 은퇴보장

CASE

시화호 공단에서 제조업을 영위하는 B사의 법인 대표이사는 평생을 사업에 매진한 상태라 개인적인 자산을 아파트이외에는 거의 소유하고 있지 않다. 최근 재무이사로부터 B사의 1주당 주식가치가 20만원 정도라고 보고 받았다.

법인 주식수가 4만주(액면가 5천원)이므로 약 80억원의 주식가치가 있는 상태이다. 아파트를 합치면 약 90억원의 재산이므로 본인이 사망하는 경우 상속세 재원이 상당히 부족하다는 것을 알고 주위의 권유로 계약자, 수익자를 법인으로 하는 월납 3천만원의 종신보험을 가입하였다. 회계처리를 고민하던 중 납입보험료 전체를 비용처리하였다.

현장추적

국세청은 제조회사 B사의 법인세 정기조사를 검토한 바 회사가 최근 5년간 매월 3천만원에 달하는 생명보험을 회사명의로 가입한 사실을 분석하였다. 국세청은 해당 생명보험회사에 적립보험료 평가손실과 소멸성 특약부분을 조회하여 그 이외의 적립보험료는 자산처리하고 비용을 부인하여 법인세 5억원을 과세하였다. 회사는 법인 명의의 생명보험은 전액 비용처리되고 만기 시 회사로 전액 입금되므로 입금 시 특별수익으로 법인세를 내는 것이 맞다라고 주장하고 있다.

절세 Tip

미국연방세법 제7702(a)에서도 보험상품을 생명보험의 성격과 투자성격을 구분하기 위하여 해약환급금 적립검증요건(cash surrender value) 및 가이드라인 보험료 요건(Guideline level premium)또는 해약환급금 차액검증요건(Cash Value Corridor Test)을 매년 테스트 하도록 하여 순수보장성보험과 보장성 보험속에 내재된 적립보험료를 구분하도록 하고 있다. 혼성보험을 기업에 이식하는 경우 자산성과 비용성을 반드시 구분하여야 한다. 기업보험계약은 절세상품이 아니라 기업의 대표이사가 사망하는 경우 기업이 가지게 되는 재무적 리스크의 총량을 보존하는 계약이다.

관련 예규

● **경영인정기보험료의 손금산입시기**

내국법인이 대표이사를 피보험자로 하고 계약자와 수익자를 법인으로 하는 보장성보험에 가입한 경우, 법인이 납입한 보험료 중 만기환급금에 상당하는 보험료 상당액은 자산으로 계상하고 기타의 부분은 이를 보험기간의 경과에 따라 손금에 산입하는 것으로 피보험자인 대표이사의 퇴직기한이 정해지지 않아 사전에 해지환급금을 산정할 수 없어 만기환급금에 상당하는 보험료 상당액이 없는 경우에는 내국법인이 납입한 해당 보험료를 보험기간의 경과에 따라 손금에 산입하는 것이며 상기 보장성보험의 해약으로 지급받는 해약환급금은 해약일이 속하는 사업연도의 소득금액 계산 시 익금에 산입하는 것임(서면법인2018-1779, 2018. 07. 18)

CEO 은퇴 시 퇴직금 재원 부족 Risk도 장기적 안목으로 해결 가능

– 전기납 / 80세납 등 장기간 납입으로 단기 퇴직금 재원 마련 부담 축소

* 경영인정기보험(무배당, 보증비용부과형), 50세 남, 기본형(최저해지환급금 보증형), 주보험가입금액 1억원, 90세 만기, 15% 체증형, 월보험료 723,000원

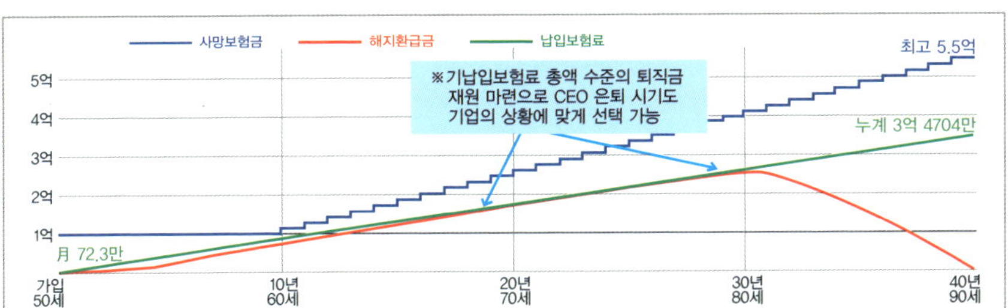

※상기 예시는 공시이율 2.50%('17. 4월)을 기준으로 산출한 것이며 공시이율 변동에 따라, 해지환급금 예시는 변동될 수 있습니다. 삼성생명이 지난달 28일 출시한 '경영인정기보험' 상품 도해〈사진=상품교육자료〉

– **경영인정기보험으로 은퇴 시점의 유동자금 해결**

7 기업 경영인 정기보험과 퇴직연금의 활용

CASE

제조업을 운영하는 P사의 대표이사는 요즘 별로 기분이 좋지 않다. 장남을 미국유학보내 가업을 이어받기를 원하였지만, P사의 대표이사 장남은 제조업에는 관심이 없고, 자동차관련 악세사리 사업에만 몰두 하고 있다. 15년 후 회사를 매각하던지, 전문 경영인에게 물려 준다면 퇴직금도 꽤 될 것 같았다.

회사를 정리하게 되면 북유럽으로 가서 편안하게 노후생활을 꿈꾸고 있는 P사의 대표이사는 장남에 대한 기대를 버린지 오래다. 나중에 사업에 실패해서 손이나 벌리지 않았으면 좋겠다는 생각뿐이었다. 노후의 안정적인 자금을 마련하기 위하여 경영인 정기보험을 가입하고 10년 후 수령하는 환급금으로 퇴직연금을 가입하기로 하였다.

현장추적

국세청은 P사를 정기조사 하던 중 회계상 경영인 정기보험료를 비용처리 한것을 발견하고 관련 계정과목을 손금불산입 유보처분하고 법인세 4천만원을 과세하였다. 국세청은 과다한 보험료 납입은 전액 비용처리할 수 없다는 입장이다. 확정된 사건이 발생한 시점, 즉 권리의무확정주의에 따라 수익과 비용을 계상할 수 있다는 입장이다.

절세 Tip

구분	내용	회계처리	비고
①보험가입	계약자, 수익자 법인	손금처리	사망보험금 경영권방어 활용
②보험만기 시		익금처리	법인으로 만기환급금 입금
③퇴직연금가입	대표자 퇴직연금 일시가입	손금처리	익금, 손금으로 법인세 효과 0
④퇴직연금수령	퇴직소득세 70%~60% 분리 과세		

※ 기업을 운영 시에는 법인대표이사의 사망리스크를 담보하기 위하여 경영인 정기보험을 가입하여 비용처리한다. 10년 만기시에는 만기환급금이 법인으로 들어오게 되면 법인세를 부담하여야 하기 때문에 다시 퇴직연금(DC)로 전액납입하여 비용처리를 받아 법인세 효과를 0으로 만든다. 그리고 퇴직연금은 향후 퇴직연금으로 수령하여 퇴직소득세의 70%~60%만 부담하는 전략으로 설계하여야 한다.

관련 예규

● **법인이 퇴직임원에게 보험계약 이전 시 소득구분**

계약자 및 수익자를 법인으로, 임원을 피보험자로 하는 보험에 가입하고, 임원 퇴직 시 계약자 및 수익자를 퇴직임원로 변경하는 경우 이는 퇴직 임원의 퇴직소득인 것임(기획재정부소득-109, 2011. 03. 29)

임원의 퇴직금 및 보험료에 대해 손금산입 처리해야한다.

8

저축성보험 계약 시 이자소득세 계산방식은 선입선출법으로 과세이연

CASE

현금성 자산을 30억원을 보유하고 있던 자산가 P는 금융종합과세문제로 골머리를 앓고 있다. 현재 보유한 현금 30억에 대하여 이자소득세가 다른 부동산임대소득과 합세되어 매년 누진세율이 적용되어 세부담이 가중되는 상태이다. 더구나 주위에서 금융종합과세에 해당되면 자금출처조사가 나올 수 있다는 이야기를 전해 들었다. 자산가 P는 보험회사의 일시납연금상품이나 저축성보험은 이자소득이 과세될 경우 선입선출법(FIFO)으로 과세된다는 이야기를 듣고, 현금 20억을 상속형 연금 10억, 확정형 연금 10억원으로 가입하였다.

가입 후 10년째 되는 날 급한 부동산투자자금이 필요하여 일시납연금 2개를 해약하고 해약환급금을 수령받았다. 해약환급금 수령 시 현재까지 납입한금액과 수령한 총금액의 차이 3억4천만원을 이자소득으로 보아 원천징수 15.4%를 정산 후 차액을 지급받고 세무신고는 종료가 된 것으로 알았다.

현장추적

과세관청은 P씨의 소득세신고현황을 검토하는 중, 일시납연금이 해약되어 이자소득이 원천징수되었음에도 불구하고 이자소득의 총합계금액인 3억4천만원을 다른 소득과 합산하여 신고하지 않았음을 발견하고 추가납부세액 및 신고불성실, 납부불성실 가산세 9천8백만원을 추가고지 하였다.

절세 Tip

일반적으로 은행권의 이자소득은 원금과 구분이 되어 이자소득의 약정일(지급일)을 이자소득의 귀속시기로 보고 원천징수한다. 반면 보험권의 저축성보험이나 일시납연금 상품은 납입한 보험료를 초과하여 지급받는 경우에 이자소득을 확정하게 되므로 선입선출법(FIFO) 과세방식을 적용한다. 즉 납입한 보험료를 초과하지 않는 범위의 금액은 원금의 반환으로 보게 된다. 이러한 상품은 이자소득에 대하여 과세이연을 할 수 있는 장점과 해약시 일시에 차액금액에 대해 전체적으로 이자소득으로 과세될 수 있는 단점이 동시에 존재한다.

관련법령 및 심판례

- **소득세법 시행령 제25조 [저축성보험의 보험차익]**

"저축성보험의 보험차익"이란 보험계약에 따라 만기 또는 보험의 계약기간 중에 받는 보험금·공제금 또는 계약기간 중도에 해당 보험계약이 해지됨에 따라 받는 환급금에서 납입보험료 또는 납입공제료를 뺀 금액을 말한다.

- **쟁점연금보험에서 발생한 쟁점소득을 「소득세법 시행령」 제8호의 이자소득으로 보아 보험계약 해지일을 수입시기로 볼 수 있는지 여부**

「보험업법」상 쟁점연금보험은 생명보험계약의 일종이고, 쟁점연금보험의 약관(저축성보험이라고 기재되어 있음)과 보험료 수령형태, 쟁점연금보험 가입기간 등으로 볼 때, 쟁점소득은 「소득세법 시행령」 제25조의 저축성보험의 보험차익에 해당한다 할 것이고, 저축성보험이 중도해지 되었을 경우 보험차익의 수입시기는 중도해지일로 보아야 함(조심2013서3668, 2013. 11. 25)

- **저축성보험차익의 원천징수시기**

거주자가 보험료를 일시에 납입하고 납입한 날이 속하는 달의 익월부터 확정된 기간 동안 보험금을 연금형태로 분할하여 지급받는 보험에 가입한 경우에는 그 지급받은 보험금의 누적액이 납입한 보험료를 초과하는 때부터 해당 보험의 보험차익은 「소득세법」 제127조에 따른 원천징수대상 이자소득에 해당하는 것임(원천-737, 2010. 09. 15)

9 저축성보험 증여 후 늘어난 이자도 증여세 과세

CASE

철강회사 H회장은 최근 칠순잔치를 하였다. 천수를 누리라던 첫째 며느리가 너무 기특하여 본인이 가지고 있던 12억원을 00생명보험회사의 거치식 슈퍼재테크 상품에 가입하였다.

계약자, 수익자를 H회장으로 하고 피보험자를 며느리로 지정 한 후, 며느리가 지극히 H회장을 계속하여 보살피자 3년이 지난 시점, 계약자 및 수익자를 며느리의 아들인 A손주의 명의로 이전하면서 증여세 신고를 하였다. 2년 후 A손주는 보험수익자로서 보험만기가 도래함에 따라 00생명보험 주식회사로부터 만기보험금 약 15억원을 수령받았고, 2년 후 H회장은 며느리의 따뜻한 보살핌 속에 행복한 임종을 맞이하였다.

현장추적

국세청은 P씨의 상속세 신고서를 검토하던 중 'A'의 경우 보험 만기에 H회장으로부터 만기보험금을 증여받은 것으로 보아 「상속세 및 증여세법」 제34조 제1항을 적용하여 만기보험금을 증여재산가액으로 인정하여 증여세액을 산출한 다음 위 기납부세액을 공제하여, 'A'에게 증여세 128,788,830원의 부과처분을 하였다.

구 분	계약자	피보험자	수익자
H회장이 보험금을 'A'에게 증여 후 신고	H회장	유재수(며느리)	H회장
	'A'(자녀)	유재수(며느리)	'A'(자녀)

절세 Tip

저축성보험상품 자체를 증여하는 경우 생명보험으로 분류되어 「상속세 및 증여세법」 제34조 제1항에서 생명보험이나 손해보험에서 보험금 수령인과 보험료 납부자가 다른 경우에는 보험사고가 발생한 후 보험금 상당액을 보험금 수령인의 증여재산가액으로 보도록 하고 있어 증가한 이자수익에 대하여도 증여세가 추가적으로 고지될 수 있음을 알아야 한다.

구분	보험차익유형	보험차익의 성격
직접소득으로 보험료납입	저축성보험	이자소득(10년 이상 시 비과세적용)
	보장성보험	보장성보험차익(과세 제외)
증여받은 금전 또는 증여받은 보험상품	저축성보험	증여의제 대상
	보장성보험	증여의제 대상

* 보험금의 증여시기는 계약자를 변경한 날 또는 수익자가 보험금을 지급받는 날 둘 중에 과세관청이 유리한 쪽으로 과세하는 경향이 있다. 증여시기의 국세부과제척기간이 경과한 경우에는 보험금을 지급받는 날을 증여시기로 하여 과세한다. 일반적으로 보험금을 지급할 때 지급명세서가 국세청으로 전송되기 때문이다. 반면 국세부과제척기간이 경과하지 않았고 국세청이 보험상품의 계약자 변경일을 사전적으로 인지했다면 변경일을 증여시기로 보아 증여세를 부과할 확률이 크다.

관련 심판례

- **저축성보험금의 증여시기**

보험계약자 및 수익자의 변경만을 가지고 그때 상증법상의 증여가 있었다고 볼 수 없고, 실제 보험금을 수취하거나 해약환급금을 수취하였을 때 실제 보험료 불입자로부터 증여받은 것으로 보는 것임(대법원 2010.06.24. 선고, 2010두5493 판결)

- **연금보험의 계약자 및 수익자를 변경한 경우 변경한 날을 증여시기로, 납입보험료를 증여재산가액으로 하여 과세한 처분의 당부**

보험금 및 예금은 권리의 이전이나 행사에 등기 등을 요하는 재산이 아니고, 이 건 종신형 즉시연금보험의 계약변경은 계약자뿐만 아니라 수익자를 청구인의 조부에서 청구인으로 변경한 것으로서 보험계약 변경시점에 청구인이 보험계약의 해지, 연금의 수령 및 만기시 보험료의 수령 등 보험에 관한 실질적인 모든 권한을 행사할 수 있는 지위를 획득하였다고 볼 수 있는 점 등에 비추어 이 건 종신형 즉시연금보험의 계약변경일을 증여일로 보고 계약변경일 현재의 보험의 시가인 납입보험료를 증여재산가액으로 하여 증여세를 과세한 처분은 잘못이 없음(조심2014서2713, 2014. 10. 28)

현직 세무사가 알려주는

상속 · 증여 국세청 과세사례

명의신탁주식 세금이슈

구분	세법상 제재
상속세 문제	• 수탁자 사망 시 상속세납부 문제 및 지분 귀속문제 발생 • 가업상속공제 적용 시 최대주주 지분율(40%) 요건에 영향 • 가업승계증여과세특례 적용 시 최대주주 지분율(50%) 요건에 영향
증여의제 적용	• 조세회피목적이 있는 경우 명의신탁당시가액으로 증여의제 적용 • 명의변경 시 변경 당시 시가기준으로 증여의제 적용 • 유상증자 시 증자 당시 시가기준으로 증여의제 적용 • 명의신탁주식 증여의제 증여세는 실소유자에게 부과 • 명의신탁주식 증여의제는 다른 증여재산과 합산하지 않음
증여의제 부과제척기간	• 15년 3개월(징세-811, 2010. 08. 20) • 증여의제 여러 건 적용 시 수탁자 1인 기준으로 10년 합산규정 적용
과점주주 간주취득세	• 본래의 소유자로 환원이므로 간주취득세 해당사항이 아님 (지방세운영-3127, 2010. 07. 22)
증권거래세	• 증권거래세는 유상이전의 경우에만 해당(0.5%) • 명의신탁주식은 증권거래세 대상아님(소비-290, 2012. 09. 18)
배당소득세 합산	• 명의수탁자에게 분산배당 시 합산 수정신고(2천만원 초과 시 누진세율)
양도소득세	• 해당사항없음(단 명의신탁주식으로 환원하지 않고 저가양도 이용 시 양도소득세 과세, 이 부분은 본문에서 후술)

Ⅳ

정글같은 삶속에서 벌어지는 상속증여 세금전쟁 이야기

명의신탁주식 상속·증여세 세무이슈

1 차명주식 신탁자에게 증여세 날벼락

CASE

핸드폰부품업체 P사 대표이사는 2000년도 법인설립 중 해당 법무사로부터 주식회사를 설립하려면 「상법」 제288조 규정에 의하여 발기인 3명이 필요하다는 이야기를 들었다. 발기인 3명을 구하기 위하여 어쩔 수 없이 형제 및 친구들에게 부탁하여 주주로 등재하였다. 차명주주들에게는 언제든지 주식에 대한 권리를 포기할 수 있다는 확약서를 받아둔 상태였다. 2010년도에 납품을 받는 대기업에서 자본금 증자를 요구하였고, 원래 자본금 1억원을 5억원으로 균등유상증자하였다. 2023년 가업승계를 위하여 차명주식을 회수하려고 주위에 물어보니 차명주식에 대한 부과제척기간은 15년 3개월이므로 소송을 통하여 환원하면 문제없다고 하였다.

현장추적

국세청은 P사에 대해 주식변동조사를 실시하던 중 차명주식에 대한 소송문과 제반 증거서류를 검토하였다. 차명주식임을 확인하였으나 2010년도 자본금 증자를 위하여 유상증자 사실을 확인한 후 유상증자 당시의 시가를 증여의제로 과세하고, 유상증자일로부터 소급하여 10년이내 차명주주로 등재된 설립 시 자본금에 대하여 증여의제로 합산하여 증여세 및 가산세 5억원을 명의신탁자에게 과세하였다.

절세 Tip

명의신탁주식은 부동산실명법 위반과 같은 과태료 대신 증여의제로 규정되어 명의신탁당시의 가액으로 증여세를 납부하여야 한다. 조세회피의사가 없으면 증여의제로 보지 않으나 현실적으로 입증하는 것은 매우 어렵다. 증여세 부과제척기간이 15년 3개월이므로 20년 전에 회사를 설립하였다면 증여세 문제가 생기지 않는다. 하지만 명의변경이나 유상증자는 새로운 증여의제로 과세하게 되고, 동일인에 대해서는 소급 10년 합산규정이 적용되므로 매우 유의하여야 한다.

관련법령 및 예규

- **상속세및증여세법 제45조의 2 [명의신탁재산의 증여 의제]**

  권리의 이전이나 그 행사에 등기 등이 필요한 재산(토지와 건물은 제외한다. 이하 이 조에서 같다)의 실제소유자와 명의자가 다른 경우에는 「국세기본법」 제14조에도 불구하고 그 명의자로 등기 등을 한 날에 그 재산의 가액을 실제소유자가 명의자에게 증여한 것으로 본다. 단, 조세 회피의 목적 없이 타인의 명의로 재산의 등기 등을 하거나 소유권을 취득한 실제소유자 명의로 명의개서를 하지 아니한 경우에는 증여의제로 보지 않으나 입증책임은 납세자에게 있다.

- **명의신탁주식 국세부과제척기간(국기법 제26조의 2)**

  일반적으로 명의신탁주식에 대한 부과체적기간은 15년 3개월이나, 2020년 1월 1일 이후 증여의제 기준이 되는 금액이 50억 초과되는 경우에는 안날로부터 1년이내 증여세를 과세할 수 있음. 단 2019년 12월 31일까지 부과제척기간이 만료된 경우에는 종전 부과제척기간 적용

- **명의신탁 증여의제 10년 합산규정**

  종전증여가 재차증여의 합산대상기간 이내이면 부과제척기간이 경과한 종전 증여분이라도 재차증여에 합산됨(국심99서0290, 1999. 09. 03)

- **유상증자 시 명의신탁주식의 증여의제 시가**

  명의신탁한 쟁점주식에 터잡아 이루어진 쟁점유상증자로 취득한 신주에 대해 명의신탁에 따른 증여의제 규정에 따른 증여세를 부과하는 것은 타당함. 한편 유상증자로 인하여 주식수가 5배로 증가하여 주식가치가 희석되었음에도 불구하고 증자 이전의 주당 평가액을 증자 이후에도 그대로 적용함은 부당하며, 이론권리락 주가로 평가하여 과세함이 타당함(조심2022중6688, 2022. 12. 21)

2 명의신탁주식 찾아오지 못하면 뺏기고 압류

CASE

서울지역에서 건설시행을 하는 P사 대표이사는 명의신탁주식 때문에 머리가 아프다. 10년 전 회사 설립 시 상법 규정 때문에 주식일부를 처남과 매제 앞으로 해 둔 것이 화근이다. 최근 3년간 성공적인 시행사업으로 인하여 회사의 가치가 수백억대로 상승되었는데, 처남과 매제는 본인들이 이 회사 주주인지조차 알지 못하고 있다. 만약에 사업하는 처남에게 무슨 일이 생긴다면 P사 지분에 대해 압류가능성도 존재한다고 들었다. 설상가상 매제는 현재 건강이 좋지 않는 상황이라 상속문제가 발생되면 더욱 더 복잡한 문제가 생길 수 있다라고 들었다.

현장추적

국세청은 P사 대표이사의 매제가 사망함에 따라 상속세 조사를 개시하였고, 매제의 상속인들은 사망한 피상속인의 주식이 아니기 때문에 상속세를 낼 이유가 없다라고 주장하나 P사의 주주명부를 조사한 결과 회사 설립 초기부터 매제가 주주로 등재되어 있었고 오히려 명의소유자라고 주장하는 P사 대표이사는 회사설립 시 주주로 등재되어 있지 않았다. 체납 등으로 어쩔 수 없이 명의신탁하였다고 주장하나 명확한 증거서류가 없어 국세청은 P사 대표이사 매제의 상속인에게 상속세 및 가산세 10억원을 과세하였다.

명의신탁주식은 조기에 권리확정을 하는 것이 매우 중요

절세 Tip

명의신탁주식은 조기에 권리확정을 하는 것이 매우 중요하다. 하지만 명의신탁주식임을 입증할 수 있는 서류가 명확한 경우는 흔하지 않다. 단순한 명의신탁확인서로만 명의신탁주식을 주장할 수 없다. 따라서 명의신탁주식을 완벽하게 입증하고 세무조사를 수행할 전문가를 찾아 대응하여야 한다.

또한 명의신탁을 환원하는 경우 부담하여야 할 세부담을 명확히 분석하여야 한다. 명의의 잦은 변경으로 증여의제를 적용받는 경우 예상치 못한 세금이 부과될 수 있으므로 양도와 감자 등을 전략적으로 활용하여야 한다. 중소기업 명의신탁 간소화 절차는 아래의 요건에 해당되는 경우에만 적용할 수 있으며, 이외에는 〈주식반환이행소송판결문〉이 필요하다.

관련법령 및 판례

● **확인신청 대상 요건 [상속세 및 증여세 사무처리규정 제9조의2]**

아래 각 호의 요건을 모두 충족하여야 함

1. 주식발행법인이 「조세특례제한법 시행령」 제2조에서 정하는 중소기업에 해당할 것
2. 주식발행법인이 2001년 7월 23일 이전에 설립되었을 것
3. 실제소유자와 명의수탁자(실명전환 전 주주명부 등에 주주로 등재되어 있던 자를 말한다)가 법인설립 당시 발기인으로서 법인설립 당시에 명의신탁한 주식을 실제소유자로 환원하는 경우일 것

＊주식가액
- 비상장법인 : 실명전환일 직전사업연도 1주당 순자산가액×실명전환주식수
- 상장법인 : Max(실명전환일 이전 2월간 종가평균액, 1주당순자산가액)×실명전환주식수

● **명의신탁증여의제 부과제척기간(국기법 제26조의2)**

2020년 1월 1일 이후 재산가액이 50억원을 초과하는 명의신탁주식의 경우는 안 날로부터 1년 이내 과세할 수 있음. 단 2019년 12월 31일까지 제척기간이 만료된 경우에는 종전 부과제척기간 적용(15년 3개월)

● **명의개서해태 증여의제규정 적용여부**

명의개서해태 증여의제 규정 및 구 상증세법 부칙 제9조를 적용하면 '소유권을 취득했지만 명의개서를 하지 않은 재산'을 소유권이 바뀌었음에도 그전 소유자 명의로 방치해 증여세를 회피한 경우 명의자에게 2005년 1월 1일 증여한 것으로 보아 증여세를 부과하는 경과규정이다. 하지만 이 규정은 명의신탁주식에도 적용되지 않는다(대법원 2017. 1. 12. 선고 2014두43653 판결참조)

3 숨어있는 명의신탁주식 상속신고 누락으로 가업상속공제 부인

CASE

대구지역 중견 섬유제조업체 K회장은 장남 B에게 사업체를 물려주기로 하고 막대한 상속세를 피하기 위하여 가업상속공제 규정을 활용하기로 마음을 먹었다. 본인과 배우자 지분은 총 30%였으나 차명주식이 15%가 있어 가업상속공제 요건 중 최대주주 지분비율을 충족한다고 판단하였다.

15년 전 회사를 창업할 때 「상법」 제288조 규정으로 인하여 친구명의로 지분 15%를 명의신탁한 사실이 있었지만 명의신탁주식을 조기에 회수하여야 한다는 주위의 말을 한귀로 흘려들었다. 가업상속공제를 적용받으려면 해당 상속인이 상속개시 2년 전부터 가업에 종사해야 하기 때문에 장남 B를 본인과 공동대표이사로 회사등기부등본에 올려놓았다. 또한 명의수탁자인 친구와 명의신탁주식 확인서도 작성하여 두었다. 회장이 사망하고 나서 상속인 장남은 회사를 물려받으면서 가업상속공제를 신청하였지만, 1년 후 국세청에서 가업상속공제 적용을 인정할 수 없다는 예상치 못한 통보를 받았다.

현장추적

국세청은 중견 섬유제조업체 K회장의 상속세 사건을 조사하던 중 주주명부상 K회장의 지분이 30%이고 차명주식이 15% 존재한다는 가업상속공제 신청서를 검토하였다. 상속인을 불러 사실관계를 확인한바 명의신탁주식이 15%이나 아직 명의신탁관계가 명확하지 못하여 국세청은 가업상속인이 전부 지분상속을 받지 않은 것으로 판단하여 가업상속공제 100억원을 부인하고 상속세 및 가산세 40억원을 추징하였다.

절세 Tip

가업상속공제를 적용받기 위해서는 명의신탁주식부터 환원하여야 한다. 명의신탁주식의 입증책임은 납세자에게 있으므로 명의신탁주식임을 입증할 수 있는 증거서류를 확보하는 것이 무엇보다 중요하며, 상속개시 전 〈주식반환이행소송〉을 통하여 명의신탁주식을 조기에 환원하는 것이 필요하다. 명의신탁주식을 상속세 신고 시 누락하게 되면 가업상속공제를 적용받을 수 없다.

■ 명의신탁주식 입증서류

구분	내용
회사설립 시 자본금 납입주체	명의신탁자 납입 금융자료확보
유상증자 시 유상증자대금 납입주체	명의신탁자 납입 금융자료확보
배당 시 배당금의 귀속주체	배당금 실질귀속 금융자료확보
주식반환이행청구소송	판결문 확보

관련법령 및 심판례

● 상법 제288조[발기인] 개정연혁

'96. 9. 30 까지	'96. 10. 1~'01. 7. 23	'01. 7. 24 이후
7인 이상	3인 이상	제한없음

● 상속세 신고 시 차명주식을 신고 누락한 경우 가업상속공제 요건을 충족하지 못한 것으로 볼 수 있는지 여부

피상속인이 보유한 차명주식을 「상속세 및 증여세법」 제67조에 따른 상속세 과세표준 신고 시 상속재산에 포함하여 신고하였으나 차명주식임을 확인할 수 없어 가업상속공제를 부인함(조심2015중1071, 2016. 05. 26)

4 명의신탁주식 어설픈 양도로 위장 국세, 지방세 세금폭탄

CASE

L회사의 최대주주 A는 최근에 10년 전 친구에게 명의신탁된 주식을 액면가로 최대주주 A 및 배우자 B, 자녀 C에게 각각 이전해 왔다. 현행 세법상 특수관계자만 아니면 3억원 이하까지는 저가로 매매하더라도 양수자에게 증여세가 과세되지 않는다고 들었기 때문이다. 양도자, 양수자 각각 이 규정이 적용되므로 최대주주 A는 배우자 및 자녀를 활용하여 차명주식 약 10억원을 쪼개서 회수하였다.

현장추적

국세청은 L회사의 최대주주 A와 배우자 및 자녀의 주식변동조사를 검토하던 중 저가양도로 수차례 지분이 쪼개져서 여러 단계로 이동된 점을 파악하고 자금흐름 등을 조사한 결과, 실질 하나의 거래이나 제3자를 통한 간접적인 방법이나 2 이상의 행위 또는 거래를 거치는 방법에 의하여 증여세를 부당하게 감소시킨 것으로 인정하여 증여세 및 가산세 1억7천만원을 고지하였다.

시가와 대가와의 차이액이 5%를 초과하는 경우,
차이가 3억원 이하라도 30% 범위를 벗어나는 경우,
양도세, 증여세가 적용된다

절세 Tip

비특수관계인간의 저가양수도 시에는 양도소득세법상 부당행위계산부인이 적용되지 않으며, 증여세법상 시가와 대가와의 차이액이 3억원까지는 허용된다. 특수관계인간 거래에서는 양도소득세법상 시가와 대가와의 차이액이 5%를 초과하는 경우 부당행위계산부인이 적용되며, 증여세법상 시가와 대가와의 차이가 3억원 이하라도 30% 범위를 벗어나는 경우 증여세가 적용된다. 또한 저가양수도라도 취득세과세대상 자산이 있다면 지분증가에 따른 간주취득세(지방세)를 반드시 검토하여야 한다.

■ 저가양수도 시 세금문제

저가양수도시	양도소득세	증여세
특수관계인	5% RULE	30% 또는 3억원 RULE
비특수관계인	해당없음	3억원 RULE

관련 법령 및 예규

● **상속세및증여세법 시행령 제2조의 2(퇴직한 임직원의 특수관계인 여부)**

중견기업이하 임원은 퇴직 후 3년 이내, 기업집단 공시대상법인은 퇴직 후 5년 이내 특수관계인이며, 퇴직한 근로자 및 비상근임원은 특수관계인이 아님

● **저가양수도를 활용하여 분산양도하는 경우 하나의 거래로 간주**

「상속세 및 증여세법」 제35조 제2항의 규정에 의하여 특수관계 없는 자간에 거래의 증여재산가액은 양수 또는 양도할 때마다 양수자별, 양도자별로 산정하는 것이나, 같은 법 제2조 제4항의 규정에 의하여 제3자를 통한 간접적인 방법이나 2 이상의 행위 또는 거래를 거치는 방법에 의하여 증여세를 부당하게 감소시킨 것으로 인정되는 경우에는 그 경제적인 실질에 따라 당사자가 직접 거래한 것으로 보거나 연속된 하나의 행위 또는 거래로 보아 증여재산가액을 산정하는 것임(서면4팀-3117, 2006. 09. 12)

● **간주취득세 과세표준 계산**

과점주주 간주취득세 과세대상은 일반취득세 과세대상과 동일. 즉 부동산, 차량, 기계장비, 항공기, 선박, 입목, 광업권, 어업권, 골프회원권, 승마회원권, 콘도미니엄 회원권 또는 종합체육시설 이용회원권 또는 요트회원권이 과세대상이며 (지방세법 7조 1항), 과점주주 간주취득세 과세표준이 되는 "법인장부상 가액"이라 함은 취득일(과점주주 성립일) 현재 과세대상 물건의 총가액 중에서 감가상각누계액을 제외한 가액을 말함(내무부 세정 01254-8753, 1987. 7. 20)

현직 세무사가 알려주는

상속 · 증여 국세청 과세사례

V

정글같은 삶속에서 벌어지는 상속증여 세금전쟁 이야기

가업 승계 등 상속·증여세 세무이슈

정글같은 삶속에서 벌어지는 상속증여 세금전쟁 이야기

현직 세무사가 알려주는

상속 · 증여 국세청 과세사례

개인사업자와 법인사업자의 차이점

<table>
<tr><th>구분</th><th colspan="2">법인사업자</th><th colspan="2">개인사업자</th></tr>
<tr><td>과세방식</td><td colspan="2">순자산증가설</td><td colspan="2">금융소득포괄주의 및
그 이외 소득은 열거주의</td></tr>
<tr><td>대표자의 급여</td><td colspan="2">근로소득세 과세(비용처리)</td><td colspan="2">사업소득세 즉시 과세</td></tr>
<tr><td>이익의 배당</td><td colspan="2">배당소득세 과세</td><td colspan="2">사업소득세 과세</td></tr>
<tr><td>사업주의 보장성보험료</td><td colspan="2">자산과 비용구분 처리</td><td colspan="2">비용처리안됨</td></tr>
<tr><td>사업주의 저축성보험</td><td colspan="2">계약자 이전 시 퇴직소득
또는 근로소득으로 처리</td><td colspan="2">퇴직소득세 개념없음</td></tr>
<tr><td>퇴직금</td><td colspan="2">법인비용처리</td><td colspan="2">비용처리불가</td></tr>
<tr><td>가수금, 가지급금</td><td colspan="2">해당사항 있음</td><td colspan="2">해당사항 없음</td></tr>
<tr><td>이익잉여금처리계산서</td><td colspan="2">배당을 위해 작성</td><td colspan="2">사적재산이므로 작성안함</td></tr>
<tr><td>성실신고대상자</td><td colspan="2">부동산임대법인 (임대,
이자소득 50% 이상, 5인 미만)
성실사업자 법인전환 후 3년 이내 법인</td><td colspan="2">• 도소매 15억 이상
• 제조업 7.5억 이상
• 서비스업 5억 이상 적용</td></tr>
<tr><td>적격증빙 TEST 소명안내</td><td colspan="2">해당사항 있음</td><td colspan="2">해당사항 있음</td></tr>
<tr><td>중소기업해당여부</td><td colspan="2">해당</td><td colspan="2">해당(소기업)</td></tr>
<tr><td>가업상속공제</td><td colspan="2">해당</td><td colspan="2">해당</td></tr>
<tr><td rowspan="10">세 율</td><td colspan="2">법인세</td><td colspan="2">소득세</td></tr>
<tr><td>과세표준</td><td>세율</td><td>과세표준</td><td>세율</td></tr>
<tr><td>2억원 이하</td><td>10%</td><td>1,400만원 이하</td><td>6%</td></tr>
<tr><td>2억원~200억원 이하</td><td>20%</td><td>1,400~5,000만원 이하</td><td>15%</td></tr>
<tr><td>200억원~3,000억원 이하</td><td>22%</td><td>5,000~8,800만원 이하</td><td>24%</td></tr>
<tr><td>3,000억원 초과</td><td>25%</td><td>8,800~1.5억원 이하</td><td>35%</td></tr>
<tr><td></td><td></td><td>1.5억원~3억원 이하</td><td>38%</td></tr>
<tr><td></td><td></td><td>3억원~5억원 이하</td><td>40%</td></tr>
<tr><td></td><td></td><td>5억원~10억원 이하</td><td>42%</td></tr>
<tr><td></td><td></td><td>10억원 초과</td><td>45%</td></tr>
</table>

1 화려한 조명 뒤, "하늘에서 내리는 스타" 법인 전환하지 못하여 하루아침에 탈세범으로

CASE

유명회사 소속의 스타 K는 한류의 영향으로 최근 3개년도 동안 어마어마한 돈을 벌었다. 모든 계약은 매니지먼트사에서 진행하고, 수입총액의 30%를 배분받는 조건으로 활동하였다. 활동에 필요한 차량제공, 매니저 급여, 의상비등 모든 비용은 매니지먼트 회사에서 부담하는 조건이었다. 스타 K는 소득세 신고를 할 때마다 매년 약 50억 수입에 대하여 필요경비가 거의 없어 수입의 40%인 약 20억원을 소득세로 내야된다는 소릴 들었다. 많이 번 것은 사실이지만 연예인 대부분이 소득율 50%-60%를 기준하여 신고한다는 주변의 이야기를 듣고, 수입 50억원에 대하여 필요경비 20억원을 계상하고 순소득 30억원에 대하여 40%인 약 12억원을 세금으로 신고납부하였다.

스타 K는 한류스타로서 최근 3년간 소득세 신고를 나름 성실히 신고했다라고 자부심까지 가진 상태였다. 한편 최근 성수동 주변이 재개발 등으로 발전한다는 소릴 듣고, 최근 3년간 수입금액으로 10층짜리 상가건물을 130억원에 매입하였다.

현장추적

국세청은 한류스타 K씨의 부동산 매입자금에 대해 자금출처조사를 진행하던 중, 최근 3개년도 소득세 신고서를 면밀히 검토하였다. 활동에 따른 모든 경비는 매니지먼트 회사가 부담한다는 계약서를 입수하고, 소득세 필요경비를 분석한 결과 거의 허위경비가 매년 15억원 정도 계상된 것을 확인하였다. 이에 국세청은 소득세 및 가산세 25억원을 과세하고, 매년 포탈세액이 5억원이 넘어 「조세범 처벌법」 위반으로 검찰에 고발하였다. 스타 K씨는 최종적으로, 징역 10월에 집행유예 2년의 선고 및 벌금 25억원을 부과 받았다. 그리고 스타 K씨는 재기불능인 상태로 연예인 생활을 접어야만 했다.

절세 Tip

연예인의 경우 홍보비용 등 노출이 안되거나, 세법에서 인정 할 수 없는 접대비가 대부분이라 단기간의 거액의 수입이 발생하는 경우, 관련 지출증빙이 현저하게 부족하여 거의 수입금액의 대부분이 소득금액으로 분류되어 1년 단위로 즉시 과세된다. 연예인 탈세는 화려한 무대를 끝내야 하는 엄청난 파장을 몰고 오게 되므로, 1인 주식회사형태로 법인을 만들어 매니지먼트회사와 용역수수료에 대해 세금계산서를 수수하고, 정확하게 산정한 이익을 기반으로 법인세를 신고납부하는 것이 소득세보다 세율적인 측면에서 유리하다. 또한 지출비용에 대하여는 대표자급여로 신고하여 합법적인 자금원을 창출하는 것이 탈세리스크를 줄일 수 있다. 연예인들이 재테크로 삼고 있는 부동산 등도 법인명의로 구입하여 보유하는 것도 좋은 방법이다. 연예인들의 소득은 단기간에 얼마를 버느냐가 아니라, 누가 오래 버느냐는 측면을 고려하여야 한다.

관련 법령

● **조세범처벌법 제3조(조세 포탈 등)**

① 사기나 그 밖의 부정한 행위로써 조세를 포탈하거나 조세의 환급·공제를 받은 자는 2년 이하의 징역 또는 포탈세액, 환급·공제받은 세액의 2배 이하에 상당하는 벌금에 처한다. 다만, 다음 각 호의 어느 하나에 해당하는 경우에는 3년 이하의 징역 또는 포탈세액 등의 3배 이하에 상당하는 벌금에 처한다.

1. 포탈세액 등이 3억원 이상이고, 그 포탈세액등이 신고·납부하여야 할 세액(납세의무자의 신고에 따라 정부가 부과·징수하는 조세의 경우에는 결정·고지하여야 할 세액을 말한다)의 100분의 30 이상인 경우
2. 포탈세액 등이 5억원 이상인 경우

② 제1항의 죄를 범한 자에 대해서는 정상(情狀)에 따라 징역형과 벌금형을 병과할 수 있다.

● **특정범죄 가중처벌 등에 관한 법률 제8조(조세 포탈의 가중처벌)**

① 「조세범 처벌법」 제3조 제1항, 제4조 및 제5조, 「지방세기본법」 제129조 제1항에 규정된 죄를 범한 사람은 다음 각 호의 구분에 따라 가중처벌한다.(개정 2011 .12. 31)

1. 포탈하거나 환급받은 세액 또는 징수하지 아니하거나 납부하지 아니한 세액이 연간 10억원 이상인 경우에는 무기 또는 5년 이상의 징역에 처한다.
2. 포탈세액 등이 연간 5억원 이상 10억원 미만인 경우에는 3년 이상의 유기징역에 처한다.

② 제1항의 경우에는 그 포탈세액 등의 2배 이상 5배 이하에 상당하는 벌금을 병과한다.

2 "민물장어의 꿈" 세무조사로 이렇게 무너지다니

CASE

경기도 양평소재 비닐하우스에서 민물장어구이집을 오픈한 K씨는 대박을 쳤다. 싱싱한 민물장어를 즉석에서 손질하여 연탄불에 구어 먹는 컨셉으로 주말마다 손님들이 만원이었다. 대학때 법학을 전공한터라 약간의 세무지식을 알고 있는 K씨는 민물장어집을 오픈할 때 세금신고를 하기 위해 나름대로 머리를 썼다.

농축수산물을 가공하지 않고 판매하는 것은 「부가가치세법」상 면세라는 것을 알고 있었기 때문이었다. 손님들이 장어를 사올때는 면세로 신용카드를 결제하게 하고 부수되는 술값 및 상차림 값은 과세로 결제하게 하여 전체 음식값에 부가가치세를 내는 것보다 훨씬 절세할 수 있는 방법을 선택했다. 3년이 지난 지금 여전히 K씨는 장어집 비닐하우스안에 사업자등록을 본인과 배우자이름으로 각각 내고 신용카드기기를 나란히 설치한 후 연매출 30억이라는 대박 퍼레이드를 이어가고 있었다.

현장추적

국세청은 경기도 양평소재 비닐하우스에서 장사하는 민물장어구이집의 정기세무조사를 진행하던 중 사업자등록증이 과세사업자와 면세사업자로 각각 되어있는 것을 인지하고, 하나의 사업자를 변칙적으로 분리하였는지에 대하여 「금융거래내역조사」를 동시에 진행하였다. 조사결과 실질 사업주 K씨는 본인통장과 배우자통장을 동시에 두 개 관리하면서 부가가치세를 적게 내기 위해 변칙적인 결제방식을 해왔음을 발견하고 3년간 부가가치세 및 가산세 10억원을 고지하였다.

판매가게와 상차림가게 가격(메뉴판)따로, 실질사업자 따로 구분해야 절세

절세 Tip

손님들이 직접 구워먹을 수 있는 정육식당 또는 셀프장어집을 방문해보면, 부가가치세를 적게 내기 위하여 POS를 면세와 과세로 구분하여 결제하는 것을 흔하게 목격하게 된다. 국세청에서 면세사업장 매출을 하나의 사업자로 보아 부가가치세를 과세한 처분은 흔하게 일어난다.

일반식당의 메뉴판에 고기가격과 상차림비용이 같이 기재되어 있지 않고, 실질적으로 구분된 사업장이며 각각 실질 사업자가 다르다면 면세와 과세를 구분하여 결제하는 것은 가능하지만 그렇지 않다면 향후 막대한 부가가치세와 가산세 부담을 져야 한다.

구 분	부가가치세법시행령제34조~56조(면세항목)
면세하는 미가공 식료품	곡류, 과일류, 채소류, 육류, 생선류(고래포함)
의료보건용역	•「의료법」에 따른 의사, 치과의사, 한의사, 조산사 또는 간호사가 제공하는 용역. •「의료법」에 따른 안마사가 제공하는 용역 (단 미용성형목적은 제외, 약국의 일반판매약 제외)
기타	교육용역, 국민주택규모 이하 건설, 주택임대용역 등

관련 심판례

● **과세와 면세로 각각 사업자등록이 되어 있는 쟁점사업장을 하나의 과세사업장으로 보아 과세한 처분의 당부**

일반식당의 메뉴판에 고기가격과 상차림비용이 같이 기재되어 있고 동일한 계산대에서 일반식당 이용금액과 정육구매금액이 동일한 시점에 결제되고 있으며, 종업원들 역시 과세사업장과 면세사업장의 구분 없이 동일한 장소에서 용역을 제공한 것으로 확인되는 점 등을 종합하여 볼 때, 실질적으로는 청구인이 과세와 면세사업장을 통합하여 운영하고 있는 것으로 판단되므로 처분청의 이 건 부가가치세 등 과세처분은 잘못이 없음(조심2014중60, 2014. 03. 10)

3 식품제조업체 법인전환 미루다가 고소득자영업자로 분류되어 세무조사

CASE

일산소재 식품회사 P사는 중국에서 가공 복어를 수입하여 한국에서 2차 가공을 하여 편의점에 납품하는 업체이다. 비록 원재료는 중국산이지만 술안주 대용으로 손색이 없어 최근 들어 매출액이 계속 증가하였다. 한편 크리스마스나 발렌타인데이에는 빼빼로 등을 제과업체에서 사들여 다시 행사용으로 재포장하여 편의점 등에 납품하였다. 과자류 등은 반품이 들어오면 유통기한이 존재하여 어쩔 수 없이 손실이 나지만, 개인업자에게 현금으로 땡처리하여 오고 있었다.

여하튼 최근 3년간 꾸준히 매출이 매년 50억대로 유지되었다. 하지만 늘어나는 직원급여와 원재료비 등을 감안하면 당기순이익이 신통치 않았다. 그런데 최근 국세청의 조사를 받게 되어 최근 5개년도 추징세액이 3억원이 넘게 발생되었다.

현장추적

00지방국세청 조사2국 2과는 식품제조회사 P사를 전산분석한 결과 매출액 대비 순이익율이 너무 저조하게 신고되어 3년간 심층조사를 실시한 결과, 배우자가 실질적으로 근무하지 않음을 확인하고 관련 인건비 신고액을 5년간 부인하였다.

또한 행사반품물건을 현금으로 땡처리하고 세금계산서를 발행하지 않아 누락한 매출을 적출하여 소득세 및 부가가치세 3억원을 추징하였다.

절세 Tip

제조업의 경우 당해년도 사업장별 수입금액이 7.5억원 이상인 경우 성실신고 확인대상사업자에 해당된다. 성실신고 확인대상사업자임에도 불구하고 소득율이 지나치게 낮다는 것은 국세청의 관심 대상이 될 수밖에 없다. 또한 국세청은 세무조사 시 특수관계인 인건비 및 매출누락액을 집중적으로 검토하므로 실질근무여부에 대한 입증서류를 철저히 갖추어 놓아야 한다. 또한 개인기업을 법인전환하여 「성실신고확인대상사업자」로서 관리받지 않는 방법도 고려해 보아야 한다.

구분	부서	주요조사대상
○○지방국세청	조사1국	대기업, 중견기업법인 이상
	조사2국	개인고소득자영업자
	조사3국	고액재산가 상속증여
	조사4국	탈세제보, 기획조사
	국제거래조사국	외투법인, 국제이전가격 등

※지방국세청의 조사는 기본적으로 3개년도이며, 탈세제보의 경우에는 정기조사보다는 심층조사(예치조사) 등을 통하여 자료를 확보하게 되므로 예상밖의 추징세액이 발생한다. 또한 최근사례를 보면 특정년도의 계정과목에 문제가 있으면 조사대상년도를 5개년도로 확대하는 추세이다.

관련 법령

●소득세법 제70조의2 [성실신고확인서 제출]

구 분	내 용	
확인대상	업종	수입금액기준
	도소매업, 부동산매매업	수입금액 15억원 이상
	제조업, 숙박업, 건설업, 운수업 등	수입금액 7.5억원 이상
	부동산임대업, 서비스업(전문직)	수입금액 5억원 이상
주요체크	• 개인사업자는 회계감사대상아님, 일정규모이상 성실신고대상 • 공동사업장은 1거주자로 판단하므로 공동사업자는 불리 • 수입금액기준 적용은 직전과세연도가 아니라 해당과세연도로 판단 • 복수사업(도매업과 제조업)을 하는 경우 환산적용, 임의로 비율을 조절하는 경우 국세청조사대상자임(예컨대 도소매 수입이 10억, 제조업 수입이 6억인 경우 단순 16억으로 판단하는 것이 아니라 10억+6억×15억/7.5억=22억으로 성실신고해당대상)	

* ① 2018년 이후 사업자는 각각 15억원, 7.5억원, 5억원 이상으로 축소(소득령 제133조)
  ② 2018년 이후 개시 사업연도부터 성실신고 확인대상 개인사업자가 법인전환 후 3년 이내 법인 적용(법인법 제60조의 2)
  ③ 2018년 이후 개시 사업연도부터 상시근로자수 5인 미만, 특수관계인 지분 50% 초과, 부동산임대업 또는 이자·배당소득이 수입금액의 50% 이상인 법인은 성실신고확인제도 적용(법인법 제60조의 2)

4

현물출자 법인설립 이월과세 부인 예상치 못한 양도소득세

CASE

의정부 수락산 자락에서 찜찔방을 운영하던 개인사업자 A는 최근 유가인상 및 불경기로 인하여 사업이 신통치 않았다. 찜질방을 폐업하고, 찜질방으로 사용하던 토지 · 건물을 양도하기 위하여 인근 부동산에 내어놓았으나 매매가 이루어지지 않았다. 1년이 지난 뒤 개인사업자 A는 중소기업 기술정보 진흥원과 중소기업 컨설팅지원사업 협약을 하고 새로운 사업인 세라믹제조업을 진행하기 위하여 기존에 보유하고 있던 토지와 건물을 감정하여 「감정평가서」 및 「현물출자가액 산정을 위한 감사보고서」에 기재된 재산을 현물출자하여 법인설립을 하였다.

현행 「조세특례제한법」 제32조에 따라 현물출자를 하여 법인을 설립하는 경우 양도소득세가 이월하여 과세된다는 것을 알고 해당 「이월과세적용신청서」를 납세지 관할세무서장에게 제출하였다.

현장추적

국세청은 개인사업자 A가 제출한 현물출자 「양도소득세 이월과세신청서」를 검토한 결과, A씨가 기존 찜질방을 영업부진의 사유로 폐업하고 찜질방 고정자산(토지, 건물)을 양도하기 위하여 매물로 내놓았던 사실과 현재는 찜질방 건물을 주거용으로 사용하고 있는 사실을 확인하였다. 또한 A씨가 제출한 「현물출자 계약서 및 감정평가서」, 「현물출자 재산인도증」, 「설립법인의 공장신청서」 등을 검토한 바 현물출자 및 법인의 설립행위는 기존 찜질방 폐업일로부터 약 1년 가까이 경과한 후 발생하였음을 확인하였다. 국세청은 사업용 고정자산이 출자 당시 고정자산으로 사용되지 않았으며, 사용되지 않은 기간이 아주 짧거나 불가피한 사정이 있었다고 볼 수도 없어서 이월과세신청을 거부하고 양도소득세 3억원을 과세하였다.

절세 Tip

현물출자는 상법상 변태설립사항에 해당되어 엄격한 가치평가과정이 수반되기 때문에 법인설립에 따른 시간과 비용이 많이 수반된다. 「조세특례제한법」 제32조 이월과세 규정 및 취득세 면제적용을 받기 위해서는 동일사업장의 토지 · 건물을 포괄적으로 양도하여야 하므로 제반 요건을 면밀히 검토하여야 한다. 제조업의 사업용부동산 및 부동산임대업을 법인전환 시 활용할 수 있다.

■ 개인기업의 법인전환

구분	사업양수도	현물출자	사업포괄양수도	중소기업통합
부동산양도소득	과세	이월과세	이월과세	이월과세
부동산취득세	과세	감면	감면	감면
차량취득세	과세	감면	감면	감면
부가가치세	과세 후 환급	과세 제외	과세 제외	과세 제외
개인기업업력	인정안됨	인정	인정	인정
세액감면	승계안됨	승계	승계	승계
관련법규	조특법 제32조	조특법 제32조	조특법 제31조	조특법 제31조
장점	단순절차	자본금대체	영업권포함	기존법인 존재
대표사례	음식점업 등	부동산임대업 등	제조업 등	

* 조세특례제한법 제32조 : 부동산임대업 · 매매업은 현물출자 · 사업양수도 시 취득세 감면 50% 배제

관련 법령

●양도소득세 이월과세 적용요건

구 분	이월과세 적용 요건
조특법 제32조	• 동일사업장 전체 사업용자산을 현물출자하여야함. • 법인을 설립하고, 그 법인설립일부터 3개월 이내에 해당 법인에게 사업에 관한 모든 권리와 의무를 포괄적으로 양도하여야함. • 개인기업주는 회사설립 시 발기인으로 참여하여야 하고 법인으로 전환하는 사업장의 순자산평가액 이상을 출자하여야함. • 호텔, 여관, 주점 등 유흥서비스업에 해당되지 않아야함(관광유흥음식점제외) • 현물출자 시 평가한 영업권은 이월과세대상이 안됨. 매입영업권만 해당.

5 현물출자 대신 영업권만 평가 법인전환 돌아오는건 가업상속공제부인

CASE

충남 공주에서 연간 50억대 홍삼제조업을 하는 H사의 대표이사는 5년 전 개인사업자였지만 「성실신고확인제도」가 도입된다는 이야기를 듣고, 대출이 전무한 상태라 사업용부동산 및 토지는 제외하고 홍삼제조 영업권만 10억으로 평가하여 법인전환하였다. 홍삼을 제조하는 H사는 토지와 건물 소유주인 대표이사에게 매월 부동산임대료를 세법상 적정하게 평가하여 지급하여 왔다. 연간임대료는 약 4억이었기 때문에 성실신고대상자에서 제외되어 어느 정도 절세한건 사실이었다.

이후 H사의 대표이사는 건강이 악화되어 투병생활을 하던 중 법인전환 후 9년이 지나 사망하였다. 이에 장남 P는 상속세 신고 시 부모님이 홍삼제조업을 약 15년간 하였기 때문에 (주) H지분 전부를 상속받으면서 가업상속공제를 적용하여 신고하였다.

현장추적

국세청은 H사 대표이사의 상속세 신고서를 검토하던 중, 약 9년 전 개인사업자로 홍삼제조업을 하다가 영업권만 승계하여 (주) H사로 법인전환 된 사실을 발견하였다. 가업상속공제는 개인기업과 법인기업을 통산하여 최소한 가업영위기간이 10년 이상이어야 하나, 단순히 영업권만을 평가하여 신규법인을 설립한 사실을 파악하였기에 가업상속공제를 부인하고 상속세 및 가산세 23억원을 추징하였다.

절세 Tip

개인기업 법인전환 시 사업자가 노령일 경우 현물출자방식은 가급적 피하도록 한다. 사업용 토지나 건물을 감정평가하여 현물출자하여야 하므로 상속재산가액이 증가하게 되어 상속세 부담이 가중된다.

이러한 경우 빠른 법인전환은 영업권만 평가하여 법인에게 매각하는 것이다. 단 가업상속공제를 염두에 두고 있다면 사업용 토지 및 건물을 포함하여 법인전환하여야만 업력을 인정받을 수 있다.

영업권 양도 시	양도방법	소득구분
사업용고정자산과 양도	현물출자 또는 포괄양수도	양도소득
영업권 단독양도	일부양수도	기타소득(60%) 경비인정

* 영업권 단독 양도 시에는 양도자가 양수자에게 세금계산서를 발행하고 부가가치세를 납부하여야함. 또한 영업권 대금지급 시에는 기타소득으로 22% 원천징수(필요경비 60% 공제)하고 다음달 10일까지 원천세를 신고납부하여야함.

관련 예규

● **영업권 소득구분**

제조업자가 사업양도 시 영업권(점포임차권 포함)의 양도소득은 기타소득에 해당하나 사업용 고정자산과 함께 양도시 양도소득에 해당하며, 법인의 영업권은 무형자산으로 계상하여 5년간 감가상각함(서면1팀-1630, 2007. 11. 30)

● **개인사업자 일부 법인전환 시 가업영위기간 산정방법**

「상속세 및 증여세법」 제18조 제2항 제1호를 적용할 때 개인사업자로서 영위하던 가업을 폐업하고 같은 장소에서 법인을 설립하여 동일업종을 영위하는 경우로서 법인전환에 해당하지 않거나, 개인사업의 사업용 자산의 일부를 제외하고 법인전환 시에는 개인사업자로서 가업을 영위한 기간은 포함하지 않는 것임(서면법규-1179, 2014. 11. 7)

6 가업상속공제 후 재무이사의 판단잘못으로 상속세 100억 추징

CASE

L회사의 대표이사가 사망하고 차남인 F는 가업을 물려받았다. 제조업 업력이 20년이 경과하여 가업상속공제 한도인 200억원을 적용하여 상속세 부담을 줄이면서 경영에 전념할 수 있었다. 가업상속공제 받은 회사에 단기차입금 및 장기차입금이 존재하여 기업의 신용도에 안 좋은 영향을 미친다고 판단하여 재무이사가 기업의 부동산을 처분하여 차입금을 변제하자고 건의하여 차남 F는 아무생각 없이 결제하였다.

현장추적

국세청은 L회사의 법인세 세무조사 시 L회사가 가업상속공제를 받았다는 사실을 확인하고 사후관리 위반사유가 없는 지 검토 중, 가업상속공제 2년 후 사업용 자산을 매각하여 차입금을 변제한 사실을 확인하고 가업상속공제 사후관리 위반으로 공제액 200억원을 취소하고 상속세 및 가산세 100억원을 과세하였다.

절세 Tip

위의 사례는 재무이사의 예상치 못한 실수에 어마어마한 상속세를 추징받은 사례이다. 가업상속공제 후 가업상속자산을 처분하여 사후관리위반에 해당되었기 때문이다. 이외에도 가업상속사후관리위반은 회사가 회생절차로 폐업을 하더라도 위반사유가 발생하며, 가업상속인이 가업상속 이전 실질 근무를 하지 않고 해외연수 등이 발견되어도 추징사유가 된다. 따라서 가업상속공제를 받은 기업은 사후관리 규정에 대해 반드시 전문가들에게 사전문답을 구하여야 한다.

■ 가업상속공제 사후관리 규정(상증법 제18조의 2 제5항)

①가업유지조건	5년간 유지, 주된 업종변경은 대분류이내에서 가능 (1년 이상 휴폐업 시 사후관리요건 위반)
②자산유지조건	가업자산 40% 이상 유지 (처분 후 대체자산 취득시 예외)
③지분유지조건	5년간 지분유지 (특수관계인 지분 처분, 유상증자실권 등은 사후관리 요건 위반)
④고용유지조건	5년간 누적으로 계산하여 정규직 근로자수의 90% 이상 또는 총급여액의 90% 이상 유지
⑤조세포탈·회계부정	즉시 취소

관련 심판례

- **부동산을 처분하여 차입금을 변제하더라도 20% 이상 처분자산 사후관리 요건 위반에 해당**

「상속세 및 증여세법 시행령」 제15조에 규정되어 있어야 하고, 채무의 상환, 재무비율 개선 등은 「상속세 및 증여세법 시행령」 제15조 제6항 제1호 각목에 규정된 정당한 사유에 해당하지 아니한 점, 당초 건설업 또는 부동산 임대업 등에 공하던 쟁점부동산을 처분하고 새로운 업종인 숙박업에 사용되는 부동산 취득자금과 관련된 대출금을 상환하였으므로 처분자산과 같은 종류의 자산을 대체 취득하여 가업에 계속 사용하는 경우에 해당한다고 보기도 어려운 점 등에 비추어 청구주장을 받아들이기 어려운 것으로 판단됨(조심2018부4481, 2019. 01. 28)

7 가업승계 증여세 과세특례제도 업무무관비율 오류로 증여세 추징

CASE

중견기업 P를 운영하는 A씨는 자녀에게 가업상속을 할 예정이었다. 자녀는 현재 18세 이상인 거주자이며 중견기업 대표 A씨는 증여일 현재 중소기업 등인 가업을 10년 이상 계속하여 경영한 60세 이상이다. 중견기업 P의 주식가치는 약 200억이었다. A씨는 가업승계 증여세 특례제도를 이용하여 자녀에게 주식 200억원을 증여하였다. 또한 업무무관비율 5%에 해당하는 주식지분은 일반증여세로 신고하였다.

현장추적

중견기업 P사의 증여세 과세특례를 이용한 증여세신고를 검토하던 중 처분청은 P사의 비업무용 자산비율이 실질 신고된 내용보다 과소하게 계산된 사실을 확인하였다. 처분청이 계산한 업무무관자산 비율은 약 20%였다. 따라서 증가분 15%에 대해 일반증여세로 10억원을 추징하였다.

절세 Tip

사업 무관 자산은 과세특례 신청 시 증여세와 상속세 일반 과세로 신고 및 납부해야 한다. 향후 처분청이 업무무관 자산비율을 경정하는 경우에는 일반증여세가 급격하게 증가할 수 있으니 매우 주의하여야 한다. 따라서 장기적인 플랜으로 서서히 업무무관자산 비율을 감소시켜 증여세 과세특례제도를 활용하여야 한다.

■ 가업승계 증여세 과세특례제도 적용 시 업무무관자산 예시

업무무관자산	과세
① 부동산 관련 임대용 부동산, 유휴토지, 별장, 고급 주택, 미사용 건물 등	일반 증여세 신고
② 금융자산 관련 상장 주식, 비상장 주식, 채권, 관계회사 주식 등 (업무무관가지급금, 자기주식, 금융보험상품 포함)	
③ 사치성 자산 회원권으로 골프회원권, 사업무관 차량, 사택 등	
④ 과다보유현금 (증여일 직전 5개 사업연도 평균 현금액의 200% 초과분)	

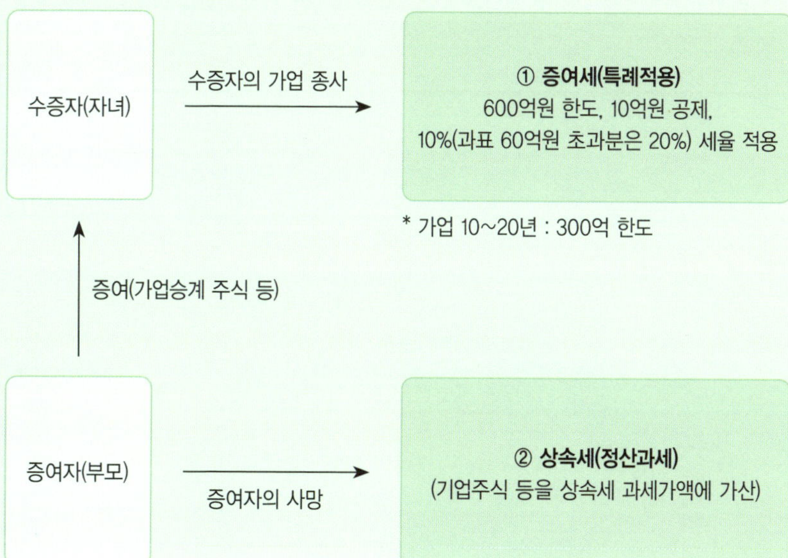

관련법령 및 예규

- **조세특례제한법 시행령 제27조의6 [가업의 승계에 대한 증여세 과세특례]**

  ⑨ 법 제30조의6 제1항에 따른 증여세 특례대상인 주식 등을 증여받은 후 상속이 개시되는 경우 상속개시일 현재 다음 각 호의 요건을 모두 갖춘 경우에는 「상속세 및 증여세법」 제18조의2 제1항에 따른 가업상속으로 보아 관련 규정을 적용한다.

- **법인의 인적분할 이후, 분할존속법인의 주된 업종 변경(가업이 아닌 업종으로 변경)이 가업의 승계에 대한 증여세 과세특례 사후관리 위반에 해당하는지 여부**

  인적분할 후 쟁점신설법인은 운수업을, 쟁점존속법인은 부동산업을 영위하는 것으로 나타나므로 가업의 승계에 대한 증여세 과세특례 사후관리규정을 위배한 것으로 보아 청구인들에게 증여세를 부과한 이 건 처분은 달리 잘못이 없음(조심2024중4665, 2025.06.19)

- **가업승계 과세특례를 적용받은 주식의 가업상속공제 적용 시 사업무관자산 비율 반영 여부**

  법인세법을 적용받는 가업의 가업상속 재산가액은 증여세 과세특례를 적용받은 주식의 가액에 그 법인의 총자산가액 중 상속개시일 현재 사업무관자산을 제외한 자산가액이 차지하는 비율을 곱하여 계산한 금액으로 산정하는 것임(기획재정부조세정책-821, 2025.05.07)

[별지 제10호의2서식 부표 2](2020.03.13 개정)

가업승계 주식 등 증여재산평가 및 과세가액 계산명세서

① 증여일 현재 주식 등의 가액			6,023,980,644
사업관련 자산가액 비율	② 총자산가액		13,741,496,947
	사업무관	㉮ 「법인세법」 제55조의2 해당자산	
		㉯ 「법인세법 시행령」제49조 해당자산 및 임대용부동산	242,135,554
		㉰「법인세법 시행령」 제61조제1항 제2호 해당자산	3,813,516
		㉱ 과다보유현금	
		㉲영업활동과 직접 관련없이 보유하는 주식.채권 및 금융상품	469,006,940
		③ 사업무관자산 가액 계	714,956,010
	④ 사업관련 자산가액(② - ③)		13,026,540,937
	⑤ 사업관련 자산가액 비율(④ ÷ ②)		0.9479
과세특례 적용전 증여세 과세가액 계산	⑥ 가업자산 상당액(① × ⑤)		5,710,131,252
	⑦ 기 과세특례적용분증여세 과세가액		
	⑧ 합계액(⑥ + ⑦)		5,710,131,252
과세특례 적용 한도금액 계산	⑨ 총한도액		300억
	⑩ 기 과세특례적용분 증여세과세가액(= ⑦)		
	⑪ 계(⑨ - ⑩)		30,000,000,000
과세특례 적용대상 증여세 과세가액	⑫ ⑧과 ⑪ 중 적은금액 [다만, ⑧<⑨이면, (⑧-⑦)의 금액]		5,710,131,252
기본세율 적용대상 가액	⑬ 증여재산가액(① - ⑫)		313,849,392

작성방법

1. "① 증여일 현재 주식 등의 가액"란은 증여재산 중 가업에 해당하는 법인의 주식 등의 가액을 적습니다.
2. "② 총자산가액"은 증여일 현재 해당 법인의 전체 자산을 「상속세 및 증여세법」 제4장에 따라 평가한 가액을 적습니다.
3. 사업무관자산 가액의 ㉮~㉲란은 「상속세 및 증여세법 시행령」 제15조제5항제2호가목부터 마목까지에 해당하는 가액을 각각 적습니다.
4. "④ 사업관련 자산가액"란은 ② 총자산가액에서 ③ 사업무관자산 가액의 합계액을 뺀 가액을 적습니다.
5. "⑥ 가업자산 상당액"란은 "① 증여일 현재 주식 등의 가액"에 "⑤사업관련 자산가액 비율"을 곱한 가액을 적습니다.
6. "⑦ 기 과세특례적용분 증여세과세가액"란에는 해당 증여일 전에 동일 과세특례를 적용받은 증여재산에 대한 과세가액을 적습니다.
7. "⑬ 증여재산가액"의 금액은 「증여세 과세표준신고 및 자진납부계산서(별지 제10호서식)」 "◎ 증여재산가액"에 적어 증여세 과세표준 및 세액을 작성해야 합니다.

8 "10년 버티면 상속세 0원" 논밭에 만들어진 초대형 베이커리카페의 비밀

CASE

경기도 양주의 강변에 3천평의 논밭을 가지고 있던 A씨는 서울·경기 등 수도권 외곽과 대도시 인근에 대형 베이커리카페가 계속 생기는 것을 눈여겨 보았다. 주변에 수소문한 결과 서울 주변은 부동산 가격이 높고 지가도 계속 오르고 있어 나중에 상속세가 문제되니 대형 베이커리카페를 만들어 가업상속공제를 받으면 절세 효과가 크다는 이야기를 들었다. A씨는 바로 관계기관에 허가를 내고 대형 베이커리카페 오픈을 준비하였다.

현장추적

국세청은 A씨가 사망하여 신고한 상속세신고서를 검토하던 중 베이커리카페 및 부속토지에 대해 가업상속공제 신청을 확인하고 면밀히 검토하였다. A씨의 자녀는 수년전부터 양주의 베이커리카페에서 정직원으로 근무하였고 실질 근무자로 확인되었다. 하지만 국세청은 해당 베이커리사업장이 유명한 프랜차이즈 카페로 가업상속공제 요건에 해당이 되지 않음을 최종 확인하였다. 가업상속공제 100억원을 부인하고 가산세 및 상속세 60억원을 추징하였다.

절세 Tip

가업상속공제를 받기 위해서는 단순히 업종코드만 일치해서는 안되고 실질 업장의 영업형태와 업종유지 형태로 판단한다. 사업무관자산(임대용 부동산 · 과다보유현금 등)은 공제에서 제외된다.

구 분	가업상속공제가능여부	비 고
프랜차이즈 가맹점	불가능	대부분 제외
일반 커피전문점	불가능	대부분 제외
제과제빵 베이커리	가능	음식점업 또는 제조업 가능

* 가업상속공제제외업종 : 커피전문점, 노래방, 병원, 학원, 도소매업, 부동산임대업 등
(가업상속공제액 : 10년 이상 200억, 20년 이상 400억, 30년 이상 600억)

관련법령 및 예규

- **해당 사업체는 호텔업, 예식장업, 전시회장 및 컨벤션장 임대업을 겸업하는 회사임, 음식 수입이 아래와 같이 전체 수입의 70%가량 되므로 음식점업으로 보아 가업상속공제 대상 업종에 포함 되는지 여부**
  가업상속공제는 피상속인이 상속개시일 현재 10년 이상 계속하여 「상속세 및 증여세법 시행령」 제15조 제1항 제1호에 따른 업종을 주된 사업으로 영위한 기업을 경영한 경우 적용하는 것으로서 주된 재화 또는 용역의 공급에 필수적으로 부수되어 공급하는 재화 또는 용역의 경우 주된 공급의 수입금액으로 보아 업종을 판단해야되는 것임(서면상속증여2020-3944, 2020.12.30)

- **가업상속공제 대상업종에 해당여부**
  관광진흥법에 따른 관광사업(카지노, 관광유흥업 및 외국인전용 유흥음식점업은 제외)은 가업상속공제 대상업종에 해당하는 것이며, 골프장이 관광진흥법에 따른 관광사업에 해당여부에 대한 판단과 답변은 주무부처인인 문화체육관광부의 담당임(서면상속증여 2016-4002, 2018.02.06)

9 일반제조업을 농업법인으로 전환하는 절세의 방법

CASE

부동산 투기를 일삼던 업자 K씨는 향후 10년 이내에 제주도가 큰 발전을 할 것이라는 것을 직감적으로 알고 농지를 서둘러 구매를 하였다. 제주도 현지 농지인 1명과 함께 농업법인을 만들면 제주도 농지를 살 수 있다는 동료 투기꾼의 말을 듣고, 농업법인을 설립 후, 20억원의 토지를 구입하였다. 이 후 제주 성산읍의 신공항 발표로 인하여 토지가격이 상승하자 토지를 쪼개어 분양을 하여 막대한 수익을 올렸다. 농업법인은 각종 법인세감면 혜택이 있다는 것을 알고 있던 터라 토지양도차익에 대하여 농업 외 소득으로 분류하여 법인세 감면을 적용하여 신고하였다.

현장추적

국세청은 제주도 농업법인 가운데 상당수는 부동산 중개업 또는 건설업, 숙박업 등 불법행위를 한 것으로 파악하고, 제주도에서 2012년 1월 이후 인허가를 신청한 농업법인 321곳의 법인 등기서류를 분석한 결과 이 가운데 203곳이 부동산 중개업, 여행업, 주택사업 등을 등기한 사실을 적발했다. 국세청은 그 중 하나인 부동산 투기꾼 K씨의 농업법인을 조사한 후 농업 외 소득으로 신고한 토지양도차익을 부인하고 법인세 및 가산세 13억원을 추징하였다.

농업법인은 사업종류에 따라 법인세 감면여부를 검토해야....

절세 Tip

농업법인은 말 그대로 농업경영을 위한 조직이다. 농업에 사용하겠다고 매입한 농지를 다른 목적에 사용한다면 이는 명백한 실정법 위반인 동시에 부동산 투기행위이다. 농업법인이 정관에 기재된 목적사업을 영위하는 경우에도 사업종류에 따라 법인세 감면 여부를 검토하여야 한다.

구분	영농조합법인(조특법 제66조)	농업회사법인(조특법 제68조)
법인세	농업소득-법인세 100% 면제	농업소득-법인세 100% 면제
	농업외소득-1인당 연간 1천2백만원 소득금액면제	농업외소득-당해연도 및 3년간 법인세 50% 감면
배당소득세	농업소득에 대한 배당소득세 전액면제	농업소득에 대한 배당소득세 전액면제
	농업외소득 배당 1천2백만원까지 면제	농업외소득 배당소득 15.4% 전액분리과세
기타 세금	현물출자 시 농지 양도소득세감면, 취득세면제 또는 감면, 부가가치세 면세 및 환급	
농업소득	곡물 및 기타 식량작물재배업에서 발생하는 소득(식량작물재배업소득)	
농업외소득	채소재배, 화훼재배, 과실재배, 콩나물재배업, 동물사육업, 종축업, 부화업, 농업장비임대, 농산물가공유통업(식량작물재배업외소득)	
설립요건	농업인 5인 이상 조합원	농업인 1인 이상 발기인
	조합원 중 임원선임(농림부표준정관), 조합원은 농업인	임원의 과반수이상이 농업인, 대표이사는 농업인(농림부표준정관)
	비농업인은 의결권 없는 준조합원으로 참여	비농업인의 출자지분이 총출자액의 100분의 90을 초과할 수 없음 (출자제한)
농업인요건	직선거리 30킬로 이내 거주, 4년 이상 경작한자	직선거리 30킬로 이내 거주, 4년 이상 경작한자

* 2026 세법개정안 농지출자 시 비과세한도가 폐지되고 농지법인에게 양도 시 이월과세 적용으로 대규모 농지출자로 인한 농업법인화 기대

관련 예규

● 농업 외 소득의 감면여부

「상법」상 주식회사가 농업회사법인으로 전환하여 농업소득 외의 소득에 대해 법인세를 감면함에 있어 해당 감면기간의 기산은 전환전 법인에서 최초로 소득이 발생한 과세연도를 기준으로 하는 것임 또한 농업회사법인이 생산하거나 매입한 비료의 판매에서 발생된 소득은 법인세가 감면되는 농업소득 외의 소득에 해당되는 것임(법규법인2013-11, 2013. 01. 24)

● 농지분양대행사업 농업소득 외의 소득 해당여부

「농업·농촌기본법」에 의하여 설립된 농업회사법인의 농지 분양 매출 및 농지 분양 대행 수수료 수입, 찜질방 이용료 수입은 「조세특례제한법」 제68조의 규정에 의하여 감면되는 농업소득 외의 소득에 해당되지 아니하는 것이며, 이에 관한 농림부 검토의견(경영인력과-665, 2006. 3. 8)을 참고하기 바람(재법인 -218, 2006. 03. 17)

● 농산물 유통·가공·판매 및 농작업 대행에서 발생한 소득 구분

「농업·농촌기본법」에 따른 농업회사 법인이 「조세특례제한법 시행령」 제65조 제1항 제3호에 규정하는 '농산물 유통·가공·판매 및 농작업 대행에서 발생한 소득'은 '농업소득 외의 소득'에 해당하는 것임(법인-320, 2010. 04. 01)

농지를 다른 목적에 사용한다면
실정법 위반인 동시에 부동산 투기행위이다.

농업법인 법인세 감면 신청 시 경영체등록 확인서 제출 안내

조세특례제한법 시행령 개정으로 '15년도 소득분에 대한 과세 신고시, 농업법인이 법인세 등을 감면받기 위해서는 농업경영체 등록확인서 제출이 의무화되었습니다. 금년도 법인세 신고 기간은 '16. 3. 3~3. 31로, 법인세 감면을 받고자 하는 농업법인은 이 기한 내 세액면제신청서와 함께 농업경영체 등록확인서를 제출하여야 합니다.

따라서, 법인세 신고를 계획 중인 농업법인은 경영체 미등록으로 인하여 세제감면 혜택을 받지 못하는 사례가 발생하지 않도록 하여 주시기 바라며, 원활한 경영체등록 업무를 위하여 '16. 3. 16(수)까지는 아래 절차에 따라 농업경영체 등록 신청을 완료하여 주시기 바랍니다.

* '15. 7~8월 기간 동안 서한을 통해 기 안내한 사항으로 법인세 신고기간이 도래함에 따라 재 공지

■ 농업경영체 등록 방법 및 필요 서류 등

구 분	세법상 제재	
신청인	농업법인 대표자 등	
신청방법	방문신청(주 사무소 소재지 국립농산물품질관리원 지원 또는 사무소)	
필요서류	농업경영체 등록신청서, 법인등기부등본, 설립요건 확인서류 (농업인여부, 출자금 등)	
등록정보	품목, 농지, 가축현황 등 농업 경영 정보	
등록절차	〈 신규등록 절차도 〉	
	등록신청서 제출(신청인)	• 농관원 지원 및 사무소 방문, 우편, 또는 모사전송 등으로 농업경영체등록 신청서 제출
	↓ 신청서 접수 및 전산등록(농관원)	• 신청서 접수와 동시에 경영체별 고유 등록번호 부여 • 경영체등록 상시관리시스템에 전산등록
	↓ 등록확인서 발급(농관원)	• 신청서 접수일로부터 30일 이내에 경영체 등록확인서 발급
등록문의	1644-8778 또는 wwww.naqs.go.kr(농업경영체 등록 온라인서비스)	

농림축산식품부

현직 세무사가 알려주는

상속 · 증여 국세청 과세사례

VI

정글같은 삶속에서 벌어지는 상속증여 세금전쟁 이야기

가지급금
상속·증여세 세무이슈

정글같은 삶속에서 벌어지는 상속증여 세금전쟁 이야기

현직 세무사가 알려주는

상속 · 증여 국세청 과세사례

가지급금 유형

가지급금 형태	주요내용
판매관리비 가지급금	• 판매관리비 등이 위법 또는 불법이라 비용처리하지 못한 경우
분식회계 가지급금	• 회사의 신용도 관리 및 대출연장을 위하여 가공의 이익을 계상한 경우
특수관계법인간 외상매출금 지연회수	• 모자회사간 재화 및 용역의 대금결제일을 지연하여 회수하는 경우
특수관계법인간 담보제공	• 모회사가 담보제공하고 자회사가 대출을 받는 경우
접대비과다 가지급금	• 접대비가 과다하여 상여처분을 회피하기 위하여 가지급금으로 처리하는 경우
자기주식매매	• 상법상 자기주식매매 원칙을 위배한 경우
개인적사용	• 대표이사의 개인적 부동산·주식투자 등을 위하여 인출하는 경우

가지급금이 법인세 및 상속세에 미치는 영향

구분	세법상 제재
인정이자계산	•자금대여액에 대한 적정이자계상 •적정이자(4.6% 또는 가중평균차입이자율) 미수취 시 상여처분 •약정서 없는 경우 미수이자 상여처분 •약정서가 있는 경우 미수이자 1년 이후 미반제 시 상여처분
지급이자손금불산입	•업무무관자산으로 보아 지급이자 손금불산입 •지급이자 손금불산입에 따른 법인세 증가
대손처리불가	•대손충당금으로 설정하지 못함 •대손상각으로 손금산입하지 못함
약정서가 없는 경우 및 개인적인 투자손실	•비정상적인 가지급금이 존재하는 경우 횡령 또는 상여처분
비상장주식가치영향	•자산으로 인식 순자산가치증가로 상속세 증가
회사폐업 시 상여처분	•가지급금을 회수하지 못하는 경우 대표자에게 소득세 과세
상속 시 부채공제	•대표이사가 사망하는 경우 상속인들이 피상속인의 가지급금을 부채로 공제받지 못하는 경우 발생

가지급금 해결방법

구분	주의할점
급여나 배당처리	•급여는 법인세법상 비용, 배당은 법인세법상 비용처리 안됨 •4대보험 및 금융종합과세 고려
실질퇴직처리	•퇴직소득세가 가장유리, 단 실질퇴직여부 검토
자기주식매매	•상법준수(이익잉여금 한도내 & 비례의 원칙) •상법위배 시 업무무관가지급금으로 법인세 추징
전기오류수정손실	•분식회계로 인한 가지급금인 경우 고려 •실질 귀속자를 밝힐 수 있는 경우
직무발명보상금	•과다한 직무발명보상금은 부당행위계산부인 적용
대표이사 부동산 매각	•부동산 회사에 매각 시 양도소득세 고려 •회사 측에서 업무무관자산으로 분류 시 세법상 제재 고려

1 불법이라 법인세법상 비용처리 할 수 없어 계상한 가지급금 대표이사가 꼭 갚아야 하나

CASE

의료재단 A요양병원 재단이사장은 요즘 고민이 많다. 병원경영이 악화되어 제3자에게 병원을 양도하려고 한다. 그런데 인수하는 측에서 가지급금을 문제시 삼고 있다. 해당병원에 계상된 가지급금 10억원을 재단이사장이 변제하지 않으면 인수할 수 없다고 통보해 왔다.

A요양병원에서 계상한 가지급금은 재단이사장이 개인적지출로 사용한 것이 아니라 불법적이지만 환자모집 비용으로 사용한 리베이트 성격의 자금이었다. 이로 인하여 작년도에는 불법모집비용에 대해 검찰조사까지 받았으며 벌금까지 고지되었다. 따라서 실질 가지급금이 아니라 판단하고 전기오류수정손실로 가지급금을 상계처리하여 법인세를 신고하였다.

현장추적

국세청은 의료재단 A요양병원의 법인세 정기조사를 하던 중 가지급금이 변제되지 않고 전기오류수정손실(이익잉여금의 차감)로 처리된 것을 발견하고 소명을 요구하였다. 이에 A요양병원 재무팀장은 가지급금이 실질은 환자모집비용이고 이에 검찰조사까지 받았다라고 주장하였다. 국세청은 A요양병원 재무팀장에게 리베이트를 받은 사람들의 금융자료와 확인서를 요청하였고, 이에 소명이 이루어지지 않아 가지급금에 대해 대표자 상여처분하여 4억원을 고지하였다.

절세 Tip

전기오류수정손실로 처리하면 이익잉여금을 배당절차를 거치지 않고 상계처리하였기 때문에 세무조사 시 실질 지출액에 대하여 입증하여야 한다. 또한 지출된 비용의 실질 귀속자에게는 사업소득세 또는 기타소득세가 과세된다. 영업상 귀속자를 밝힐 수 없어 확인서제출이 불가능한 경우에는 상여처분된다.

■ **현재 재무상태표**

재무상태표(B/S)			
가지급금 의료기기	10억 14억	부채	4억
		자본금	5억
		자본잉여금	0억
		이익잉여금	15억
	24억	합계	24억

■ **실질 재무상태표 회계처리**

환자모집비용 10억원은 법인세법상 비용처리되지 않는 항목이지만 법인의 순자산의 감소를 가져오는 항목이다.

(차) 전기오류수정손실(이익잉여금) 10억 (대) 가지급금 10억

재무상태표(B/S)			
의료기기	14억	부채	4억
		자본금	5억
		이익잉여금	15억
		전기오류수정손실	(10억)
	14억	합계	14억

관련 판례

● **리베이트로 실제 지급하였는지 확인되지 아니하므로 귀속자불분명으로 상여처분은 정당함**

영업사원이 의사 또는 약사에게 상품권, 기프트카드 등을 리베이트로 실제 지급하였는지 여부를 확인할 수 없으므로 이를 손금부인하고 귀속이 불분명한 것으로 보아 대표이사 상여로 소득처분하는 것이 타당함(대법원 2014. 9. 16. 선고 2014두8377판결)

2 중견제조업체 J대표이사 작전세력에 기업자금 다 날리고 세금폭탄

CASE

잘나가던 G제조업체 대표이사 J는 우연히 영화제작업체 스폰행사에 나갔다가 유명한 작전세력 헤드에게 솔깃한 제안을 받았다. 이란 위성통신이라는 재료(Pearl)가 있으니 코스닥 업체(Shell)를 인수하여 우회상장시키면 주가를 폭등시킬 수 있다는 것이었다. 재료는 완벽하니 주가가 2만원 이상 상승하면 G제조업체의 자금으로 주식물량을 받아달라는 것이었다. 주가가 2만원에서 5만원까지 상승하면, 새로운 세력들이 물량을 받아 10만원까지 상승시킨다는 시나리오였다.

대표이사 J는 마침 인생이 무료하던 터라, 왠지 본인도 작전세력인 것처럼 이러한 작전에 회사자금을 투입하게 되었다. 그 이후 작전주식은 2만원의 고점을 찍고 계속 흘러내리기 시작하였다. G회사 법인자금으로 계속 물량을 받아도 주가는 계속적인 물량투하로 폭락에 가까워졌다. 결국 투자한 개미들이 서울지검 금융조세부에 진정서를 접수시키게 되고 작전헤드 R은 시세조정 혐의로 구속되었다. 대표이사 J의 회사자금 50억원은 공중에 날아갔다. 그리고 그 내연녀도 큰 손실을 입게 되어 둘의 관계는 끝이나고 대표이사 J는 홧병에 사망하였다.

현장추적

국세청은 J씨의 상속세 조사를 진행하던 중 G제조업체에 계상되어 있는 투자유가증권손실액이 최근 어마어마하게 발생한 것을 발견하고, 관련 투자유가증권투자에 관한 검찰조사서를 검토한 결과 대표이사 J가 개인적인 주식투자자금을 변칙적으로 투자유가증권 대손상각비로 계상한 것을 부인하고 법인세 14억원을 추징하였다. 또한 국세청은 회사의 투자유가증권투자손실로 처리한 J의 주식투자자금을 횡령으로 간주하여 상여처분하여 소득세 20억원을 고지하였다.

절세 Tip

주식회사의 대표이사는 상법상 회사의 일상적인 경영을 총괄하고 회사를 대표하여 그 재산을 처분할 권한을 가진 자이므로 대표이사가 회사의 재산을 횡령한 경우 이는 사실상 회사의 의사에 기한 것이라고 할 수 있고, 나아가 횡령 시점에 회사가 소득금액을 대표이사에게 지급한 것으로 볼 수 있으므로, 대표이사가 법인의 자금을 횡령한 경우에도 그 횡령금을 대표이사에 대한 상여로 처분하는 것으로 해석된다. 따라서 회사자금을 비정상적으로 인출 사용하는 경우 회계처리를 가지급금으로 처리하더라도 횡령으로 형사처벌될 수 있으며, 횡령으로 간주되는 경우 가지급금에 대하여 상여처분되어 세금이 고지되므로 주의하여야 한다.

관련 판례

● **법인사업자가 약정서 없이 회사자금의 대여는 횡령**

회사의 대표이사 또는 그에 준하여 회사 자금의 보관이나 운용에 관한 사실상의 사무를 처리하여 온 자가, 회사를 위한 지출 이외의 용도로 거액의 회사 자금을 가지급금 등의 명목으로 인출·사용함에 있어 이사회 결의 등 적법한 절차를 거치지 않았음은 물론 이자나 변제기의 약정조차 없었다고 한다면 이는 통상 용인되는 직무권한이나 업무의 범위를 벗어나 대표이사 등의 지위를 이용하여 회사 자금을 사적인 용도로 대여·처분하는 것과 다를 바 없다고 할 것 이므로, 그러한 행위는 형법상 횡령죄에 해당한다고 봄이 상당하다(대법원 2006. 4. 27. 선고 2003도135 판결)

● **법인자금의 유용은 상여처분에 해당함**

법인의 실질적 경영자인 대표이사 등이 법인의 자금을 유용하는 행위는 특별한 사정이 없는 한 애당초 회수를 전제로 하여 이루어진 것이 아니어서 그 금액에 대한 지출 자체로서 이미 사외유출에 해당한다고 할 것임(대법원 2001. 9. 14. 선고 99두3324 판결 등 참조)

3 기억력만 존재하는 영업 로비자금 접대비로 인정못받고 대표자 상여처분

CASE

시행사 K사는 아파트 시행사업을 하던 중 각종 인허가에 관련된 로비자금, 알박기에 대한 조폭의 동원비, 건설 공사현장의 책임자에 대한 접대비 등 예상치 못한 자금이 소요됨에 따라 시행사업상 필요한 자금을 조달하기 위하여 회의비, 사무용품비, 소모품비, 여비교통비 등 각종 비용계정에 나누어 허위로 계상하는 방법으로 비자금을 조성하였다. 또한 K사의 대표이사 김모씨는 개인적으로 지출해야 될 룸쌀롱 지출비 조차도 복리후생비 계정으로 처리하라고 경영본부장에게 지시하였다. 분양사업만 잘되면 모든 것이 문제없이 해결될 것이라고 믿었다.

현장추적

시행사 K사는 「특정범죄가중처벌 등에 관한 법률」 위반사건의 소송진행 결과, 법인의 자금을 횡령한 사실이 없고, 쟁점금액은 청구법인의 사업수주 등을 위한 각종 로비비용 등에 충당하기 위하여 가공경비를 계상하고 지출한 것으로, 횡령 사실을 인정할 만한 증거가 없다고 1심 및 2심 법원이 모두 무죄를 선고하였고, 검사가 항고를 포기하여 2014. 11. 8 고등법원에서 무죄가 확정되었다. 따라서 K사는 처분청이 청구법인의 소득금액 계산 시 가공경비 등으로 손금불산입하고 청구인에 대한 상여로 처분한 금액 중 쟁점금액은 이를 접대비로 보아야 한다고 경정청구하였다.

이에 국세청은 쟁점금액을 「법인세법」상 손금으로 인정받으려면 「법인세법」 제116조에 따른 지출증빙서류가 있어야 할 것이나, 경정청구시 제출한 비자금사용내역 및 현금집행내역 등은 2011. 8. 2 인천지방검찰청에 제출한 자료로 청구법인의 당시 실무자들의 기억에 의존하여 추측·작성한 문건으로, 「법인세법」 제116조에 따른 지출증빙서류에 해당하지 아니하고, 청구법인은 달리 쟁점금액에 대한 귀속을 확인할 수 있는 서류를 제출한 바 없으며, 세법은 사외로 유출한 금액에 대하여 그 귀속이 확인되지 아니하는 경우 대표자에 대한 상여로 소득처분하도록 하고 있어 경정청구를 거부하였다.

절세 Tip

보통 세무조사 시 접대비 계정이 업무와 관련이 있거나 허위로 지출되지 않았다는 사실을 납세자가 입증하여야 한다. 이를 명백하게 밝히지 못한다면, 대표이사의 상여처분의 가능성이 존재한다. 세무조사 시 가장 빈번하게 발생하는 항목은 복리후생비를 접대비로 부인하여 접대비 한도시부인 계산을 하여 법인세를 과세하는 것이고 또한 대표이사의 사적사용으로 분류되는 것은 상여처분하여 소득세를 고지하므로 매우 주의하여야 한다.

구분	내용	세금
복리후생비	대표이사 개인적 사용	법인세 추징 및 상여처분
접대비	대표이사 개인적 사용	
영업로비자금	증빙이 없는 경우	
판매촉진비	증빙이 없는 경우	

관련 심판례

● 복리후생비를 부인하고 상여처분

청구법인이 쟁점식대를 실제 지출하였다고 주장하면서 그 증빙서류로 제출한 지출결의서 및 청구 외 함○○의 확인서는 사후에 조작하여 작성된 신빙성이 없는 것으로서 이를 인정하기가 어려우며, 쟁점식대를 실제 복리후생비로 지출하였음을 입증할 수 있는 금융자료 등의 구체적이고 객관적인 증빙서류의 제시가 없으므로, 그 지출관련 증빙서류가 없는 쟁점목욕비와 쟁점식대에 대해 청구법인의 1999. 01. 01 ~1999. 12. 31 사업연도 법인세 소득금액 계산 시 손금불산입하고 대표자 상여처분하여 근로소득세를 과세한 이 건 처분은 달리 잘못이 없음(심사소득2003-3089, 2003. 10. 13)

4 망한 것도 억울한데 가지급금도 폐업하니 소득세 추징

CASE

인천의 건설사 M사는 최근 건설경기가 너무 좋지 않아 적자에 시달렸다. 기존 시행사업의 실패로 인하여 금융권 부채도 아직 해결하지 못하고 있는 상태였다. 관급공사의 수주를 받기 위해서는 신용등급을 최소한 A는 받아야만 했다. 회사는 계속하여 적자이나 실질 결손처리하면 신용등급이 하락하고 관급공사 수주등이 어려울 것 같아 최근 3년간 분식회계를 통하여 오히려 이익을 내고 법인세를 납부하여 왔다.

이러한 가공의 이익은 실질 현금잉여금이 없었기 때문에 가지급금으로 계상할 수밖에 없었다. 분식회계로 인한 가지급금이 약 10억원이 되었지만 사업만 잘되면 별 문제없다고 생각했다. 하지만 1년 후 결국 자금압박을 견디지 못하고 부도를 맞아 폐업을 할 수밖에 없었다. 2년 후 대표이사는 국세청에서 날아온 소득세 고지서를 보고 너무 놀랐다.

현장추적

국세청은 M사가 정기 법인세를 신고하지 않아 전산조회를 하여보니 폐업을 한 사실을 알고 직전년도 재무제표 및 당해연도 원장 등을 분석한 결과 재무상태표상〈가지급금〉이 10억이 있다는 사실을 확인하였다. 폐업 당시 〈가지급금〉에 대한 변제가 이루어지지 않는 사실에 대해 국세청은 회사가 임의로 포기한 것으로 보아 대표이사에게 상여처분하여 소득세 약 4억원을 고지하였다.

절세 Tip

회사경영이 어려워도 금융권 대출유지 및 공사수주를 위하여 가공의 이익을 계상할 수 밖에 없는 것이 우리나라 중소기업의 현실이다. 이러한 가공의 이익은 현금을 창출하지 않기 때문에 실질 결손금과 가공의 이익만큼 가지급금 계정과목이 나타나게 된다.

국세청은 전산분석을 하므로 실질 분식회계의 가지급금이라면 관련 증거서류를 갖추어 폐업하기 전 가지급금을 정리하여야 한다.
(회계처리 : 전기오류수정손실***/가지급금***)

관련 판례

● 폐업 시 가지급금 등의 상여처분 여부

주식회사의 경우 예외적으로 해산 및 청산절차가 개시되지 않았다고 하더라도 사업장이나 종업원 등 인적·물적시설이 존재하지 않아 회사의 실체가 없고, 영리를 목적으로 하는 사업을 계속하고 있지 않아 폐업 당시는 물론 소외 회사에 대한 과세예고통지가 있기까지 가지급금 등을 회수하지 않았으므로, 사실상 가지급금 회수를 포기하였거나 회수가 불가능하게 되었다고 볼 수 있어 가지급금에 대해 상여처분함은 적법함(대법원 2014. 9. 16. 선고 2014두8377판결)

폐업신고해도 정리하지 못한
가지급금에 대해서 소득세가 부과된다.

5 가지급금이 상속부채로 공제 되지 않고 비상장주식평가에는 자산으로 포함

CASE

자동차부품을 제조하는 P사의 대표이사는 재무이사로부터 대표이사 가지급금이 27억이라는 보고를 받고 깜짝 놀랐다. 평소에 회사자금을 개인적 목적으로 사용하기 위하여 일부 인출한 것과, 유상증자 시 회사에 증자대금을 일시에 납입하고 인출한 것이 있는 것은 사실이었다. 하지만 아무리 생각해도 본인이 가지고 간 가지급금이 27억이나 된다는 것은 잘 이해가 안 되었다.

8년 전 회사가 어려울때 금융차입금 반환이 걱정되어 몇 년간 분식회계를 통하여 이익을 계상한 것도 가지급금에 포함된다는 재무이사의 보고는 참으로 어렵고 난해한 내용이었다. 이러한 가지급금을 정리하지 못한 상태로 P사의 대표이사는 안타깝게도 몇 년 뒤 심장마비로 해외에서 사망하였다. 대표이사의 상속인들은 기존의 재무제표상 기록된 가지급금 27억원을 피상속인의 자산에서 부채로 공제하여 상속세 신고를 하였다. 그런데 일년 뒤 상속인들은 국세청에서 피상속인의 가지급금을 인정하지 못한다는 통보를 받았다.

현장추적

국세청은 P사의 대표이사의 상속세를 조사하면서 상속인들이 신고한 상속부채 중 가지급금을 면밀히 검토한 결과 가지급금에 대한 약정서 및 이자지급내역, 회사에서 대표이사에게 대여한 자금흐름 등이 명확하지 않아 동 가지급금(단기대여금)을 부인하고 대표이사의 가지급금을 상속인의 부채로 공제하지 아니하고 상속세 5억과 가산세 8천만원을 추가적으로 고지하였다.

절세 Tip

법인을 경영하는 대표이사가 사망한 경우 대표이사의 가지급금이 상속인의 부채로 공제받기 위해서 사전적으로 부채를 확정하는 절차가 필요하다. 따라서 실질 가지급금에 대해서는 금융자료 흐름 및 약정서 등을 공증하여 증거서류를 갖추어 놓아야 한다.

관련 심판례

● **가지급금의 상속부채공제여부 및 비상장주식평가 시 포함여부**

피상속인이 대표이사로 재직하였던 법인의 장부상 계상된 단기대여금과 관련하여 동 채무는 실제 피상속인에 대한 대여금인지 여부가 불분명한 것으로 보고 상속세과세가액에서 차감하지 아니함. 또한 법인의 비상장주식평가 시에는 가지급금을 제외하지 않고 자산에 포함하여 계산하는 것임(조심2012서4244, 2013. 09. 24)

가지급금은 정확한 증거서류를 확보해야
상속시 공제받을수 있다.

6 베트남 현지 자회사에 보낸 기계장치 환율 불안으로 지연해서 대금 받았더니 가지급금으로 법인세 추징

CASE

안산의 자동차 부품회사 L사는 최근 베트남의 건설경기가 살아나면서 이에 따른 건설운수장비의 부품의 수요가 증가할 것으로 예상하여 베트남 호치민에 20억원을 출자하여 LL이라는 현지 판매법인을 만들었다.

예상대로 현지 자회사의 운수장비 부품 매출은 급격하게 증가하였고 베트남 자회사 LL은 많은 자금을 확보할 수 있었다. 하지만 베트남의 환율 불안으로 인하여 「동」을 「달러」로 환전하기에는 환율손실이 너무나 커서 한국의 모회사에게는 자동차부품대를 계약조건대로 송금하지 못하였다. 이에 국내 모회사는 수령하지 못한 부품값을 해외 외상매출채권으로 회계처리하여 관리하여 오고 있었다.

현장추적

국세청은 L사의 정기 법인세를 조사하던 중 매출액에 비해 외상매출채권이 지나치게 많은 것을 발견하고 외상매출채권에 대한 정밀조사를 실시하였다. 조사결과 해외 베트남 자회사에 대한 외상매출채권이 대부분이라는 것을 밝혀내고 연령분석법을 통하여 120일이 초과한 외상매출채권에 대해서는 가지급금으로 분류하여 인정이자 4.6%를 계산하고, 법인세 및 가산세 2억8천만원을 추징하였다.

절세 Tip

해외자회사는 국내모회사가 출자하여 설립된 회사이므로 법인세법상 특수관계회사이다. 특수관계인간 제품대금의 지연회수는 (국내 60일 기준, 국외 120일 기준) 업무무관대여금으로 간주된다. 즉 국내회사가 국외자회사로부터 외상매출금을 대여한 것으로 보아 대여이자를 계산하게 되어 예상치 못한 법인세가 추징된다. 만약에 국내로 송금하지 못하는 해외변수가 생긴다면 관련 증거서류들을 확보할 필요가 있다.

관련 심판례

● **해외현지법인 외상매출채권 지연회수에 따른 법인세 과세**

해외현지법인으로 상품을 매출하면서 계산한 매출채권을 평균 회수기일(120일)보다 초과하여 회수한 사실이 있고, 외상매출금을 회수하기 위한 아무런 조치를 취하지 아니한 것으로 보이는 점 등으로 보아 외상매출금 지연회수에 대하여 부당행위계산 부인 규정을 적용하여 인정이자를 계산하는 것임(조심2012중3037, 2014. 10. 22)

7 가지급금 해소 이익소각의 함정, 의제배당소득으로 세금 4억 추징

CASE

20년간 중견제조업을 운영해온 대표이사 K는 20년 전부터 발생한 가지급금으로 인해 머리가 아프다. 영업활동을 위해 인출한 현금누적액이 거의 20억원에 달했다. 가지급금은 회사에서 대표이사가 빌려간 것으로 간주되기에 매년 이자 4.6%를 회사에 입금해야 하고, 문제는 20억원을 갚지 않으면 회사청산 시 의제배당으로 세금이 거의 10억정도 나온다는 이야기를 들었다. 어느날 P컨설팅회사가 가지급금 10억원을 세금부담없이 갚을 수 있는 방법을 제안하였다. 대표이사 K가 배우자에게 주식을 시가로 10억원을 증여하고 다시 배우자가 회사에 주식을 매각하여 10억원을 인출해서 대표이사에게 다시 빌려주는 형식으로 가지급금을 변제하자는 것이었다.

현장추적

국세청은 대표이사 K와 배우자간의 주식변동조사를 검토하던 중, 실질 대표이사 K가 자본감자를 통하여 자본을 회수하여야 함에도 단계적으로 증여, 주식 양도, 주식소각, 대여는 처음부터 대표이사 K의 배당소득세 조세회피 목적을 이루기 위한 수단에 불과하고, 그 실질은 대표이사 K가 당해 주식을 법인에 양도하고 주식소각을 통하여 이익잉여금을 배당받는 것과 동일한 거래 또는 행위라고 평가할 수 있으므로 일련의 거래를 그 경제적 실질 내용에 따라 파악하여 대표이사 K에게 의제배당소득이 발생한 것으로 보고 종합소득세를 4억원을 부과하였다.

절세 Tip

최근 기업의 가지급금을 해소하기 위하여 배우자에게 주식을 증여하고 소각 후 대금을 재차 남편에게 대여하는 형식의 많은 컨설팅이 있었지만, 현재 국세청에서는 대부분 직접 배당으로 보아 과세를 하고 있는 추세이다. 이의신청이나 조세심판원에서도 대부분 납세자 기각이 이루어지고 있으므로 매우 주의하여야 한다.

관련판례 및 예규

● 거래실질을 위한 다단계거래의 부인

국세기본법 제14조 제3항에 따라 당사자가 거친 여러 단계의 거래 등 법적 형식이나 법률관계를 재구성하여 직접적인 하나의 거래를 한 것으로 보아 과세처분을 하기 위해서는, 납세의무자가 선택한 거래의 법적 형식이나 과정이 처음부터 조세회피 목적을 이루기 위한 수단에 불과하여 그 경제적 실질 내용이 직접적인 하나의 거래를 한 것과 동일하게 평가될 수 있어야 하고, 이는 당사자가 그와 같은 거래형식을 취한 목적, 제3자를 개입시키거나 단계별 거래 과정을 거친 경위, 그와 같은 거래 방식을 취한 데에 조세 부담의 경감 외에 사업상 필요 등 다른 합리적 이유가 있는지 여부, 각각의 거래 또는 행위 사이의 시간적 간격, 그러한 거래형식을 취한 데 따른 손실 및 위험부담 가능성 등 관련 사정을 종합하여 판단하여야 함(대법원 2017. 2. 15. 선고 2015두46963 판결 등 참조)

● 이익소각 부인 의제배당으로 과세

배우자 등에게 쟁점주식을 증여한 후 쟁점주식 발행법인이 이를 매입하여 소각한 거래에 대하여, 실질과세원칙을 적용하여 청구인의 의제배당소득으로 과세한 처분의 당부는 청구인이 쟁점거래 구조를 조정하거나 통제할 수 있는 의사결정 권한을 가지고 있는 것으로 보이는 점, 쟁점거래는 각 당사자의 의사결정에 따라 순차적으로 이루어진 것에 불과해 보이는 점, 쟁점거래에 있어 의제배당에 따른 종합소득세를 회피하기 위한 목적 외에 다른 사업상 합리적인 이유는 없어 보이는 점 등에 비추어 쟁점거래를 가장거래로 보아 청구인에게 종합소득세를 부과한 이 건 처분은 달리 잘못이 없다고 판단됨(조심2023서3189, 2023. 08. 29)

8 자기주식매매 업무무관가지급금으로 세금고지

CASE

경기도 소재 의약도매업체 P사의 대표이사는 가지급금 문제 때문에 머리가 터질 지경이다. 영업비용으로 사용한 것을 접대비로 처리하지 못하고, 가지급금으로 회계처리한 금액이 현재 무려 13억이다.

누적된 가지급금으로 인하여 매년말 회사에 이자를 입금하는 것도 힘들지만, 무수익자산이라고 해서 신용도 평가에 악영향을 미쳐 기업대출도 어려운 실정이다. 최근 P사의 대표이사는 본인의 지분을 회사에 매각할 수 있도록 상법이 개정되었다는 주위의 이야기를 듣고 바로 실행에 옮겼다.

현장추적

국세청은 P사의 법인세 정기조사를 시행하던 중 대표이사가 본인의 지분을 회사에 매각한 사실을 인지하고 「상법」 제341조 규정의 준수여부를 검토한 결과, P사의 대표이사 본인의 지분만 회사에 매각이 되었고, 매각된 지 3년이 지났지만 회사가 취득한 자기주식을 특정목적에 사용하지 않고 계속 보유하고 있는 것을 확인하였다.

국세청은 P사의 자기주식매매 행위를 업무무관가지급금으로 보아 3년간 인정이자계산 및 지급이자 손금불산입하여 법인세 2억원을 추징하였다.

절세 Tip

2011년 4월 14일 「상법」 제341조의 개정으로 2012년 4월 15일부터 비상장회사도 대표이사 등은 자기주식을 취득할 수 있다. 기존의 자기주식 취득은 자본의 환급으로 보아 배당소득세를 과세하였으나 상법의 개정으로 매매거래로 인정한다. 단 상법이 규정하고 있는 원칙을 준수하여야 한다.

구 분	내 용
전단계	•정관에 자기주식취득의 목적기재 •스톡옵션, 상여금지급, 투자유치, 제3자 매각 등
실행단계	•이익잉여금한도내에서 취득(자본충실화의무) •특정주주의 매매가 아닌 비례의 원칙준수(주주평등의 원칙)
후행단계	•자기주식으로 상여금지급, 제3자매각 등 실질 정관목적대로 실행

●주식 양도소득세 대주주 기준(2026)

종목별	코스피	코스닥	코스넥	비상장주식
보유금액	50억 이상	50억 이상	50억 이상	50억 이상
지분율	1% 이상	2% 이상	4% 이상	4% 이상

관련판례 및 예규

● **자기주식 취득거래가 무효인 경우 특수관계인에게 지급한 주식매매대금은 업무무관가지급금에 해당됨**

자기주식 취득행위가 「상법」 제341조에 위반되어 무효에 해당하는 경우 해당법인이 특수관계인인 주주에게 자기주식 취득대금으로 지급한 금액은 법률상 원인 없이 지급된 것으로 이를 정당한 사유없이 회수하지 않거나 회수를 지연한 때에는 업무무관가지급금으로 봄이 타당함(부산지법2014구합20521, 2014. 09. 04)

---

* 개정세법 : 자기주식 취득 후 1년 이내 소각 의무화 내용을 골자로 하는 상법이 개정되는 경우, 세법상 자기주식 매매는 배당소득으로 과세된다.
* 종목별 '시가총액 기준'으로 12월말 결산법인인 경우에는 연말에 대주주 기준에 충족하지 않아야 하고, '지분율 기준'으로 연말부터 양도일까지 한번도 대주주 기준에 해당하지 않아야 양도세를 부담하지 않음. 따라서 폐장일 3일 전에 처분하여야함(시가총액은 연말기준판단, 지분율조건은 한번이라도 충족되면 해당).
* 본인 소유분만 판단(가족합산 폐지)

9 회사자금 함부로 현금인출 FIU에 노출, 세무조사

CASE

최근 서울소재 제약회사 J는 새로운 당뇨약을 개발하여 미국 FDA 3상을 추진하고 있다. 하지만 FDA 3상을 추진하는데 천문학적인 돈이 들어 임상 2상을 종료한 상태로 기술수출을 추진하려고 한다. 국내판매는 이미 허가가 났기 때문에 전방위적인 영업이 필요한 시점이었다. 현행 제약영업을 하기 위해 리베이트는 암묵적으로 행해지고 있다. J 제약회사의 재무팀장은 매월 현금을 인출하여 영업사원들에게 판매비로 활용하도록 지급하고 있다.

현장추적

국세청은 금융거래분석원(FIU)으로부터 넘겨받은 자료를 바탕으로 탈세의심거래분석을 통하여 J제약회사를 세무조사하였다. 반복적인 현금인출과 고액현금인출이 금융거래분석원(FIU)에 분석되어 최종적으로 국세청에 넘어온 것이었다. 국세청은 현금거래를 집중적으로 조사하여 소명을 요구하였고, 실질 현금귀속자를 밝히지 못한 부분에 대하여 대표자 상여처분하여 소득세 및 가산세 35억원을 과세하였다.

절세 Tip

금융정보분석원(FIU)은 금융기관으로부터 보고받은 정보를 분석하여 불법재산, 자금세탁행위, 공중협박자금조달행위와 형사사건, 정치자금법위반, 금융감독업무 또는 조세 및 관세 탈루 등의 혐의가 있는 경우 그 분석내용을 수사기관 등에 제공하여 수사 및 조사가 이루어지도록 조치하고 있다. 국세청은 세무조사업무에 있어서도 금융정보분석원으로부터 제공받은 의심거래정보(STR)와 고액현금거래정보(CTR)를 적극 활용하고 있다. FIU 개정으로 2019년 7월 1일부터 의심거래(STR) 정보와 1,000만원 이상의 현금거래(CTR)정보까지 제공받을 수 있게 되었다. 2014년도 기준으로 국세청과 관세청 등 세무당국이 FIU(금융정보분석원)의 금융거래 정보 등을 이용해 부과한 탈세 추징액이 2조5천억원이다.

■ **고액현금거래보고제도**(Currency Transaction Reporting System, CTR)
동일한 금융기관에서 발생한 현금총액으로 1천만원이상인 경우, 수표나 외화는 제외되며 현금거래가 대상임

■ **혐의거래보고제도**(Suspicious Transaction Report, STR)
불법재산, 자금세탁혐의, 외화, 수표 등의 인출도 보고대상

관련 법령

● **특정 금융거래정보의 보고 및 이용 등에 관한 법률 제7조(수사기관 등에 대한 정보 제공)**

금융정보분석원장은 불법재산 · 자금세탁행위 또는 공중협박자금조달행위와 관련된 형사사건의 수사, 조세탈루혐의 확인을 위한 조사업무, 조세체납자에 대한 징수업무, 관세 범칙사건 조사, 관세탈루혐의 확인을 위한 조사업무, 관세체납자에 대한 징수업무 및 「정치자금법」 위반사건의 조사, 금융감독업무 또는 테러위험인물에 대한 조사업무(이하 "특정형사사건의 수사 등"이라 한다)에 필요하다고 인정되는 경우에는 다음 각 호의 정보(이하 "특정금융거래정보"라 한다)를 검찰총장, 국세청장, 관세청장, 중앙선거관리위원회, 금융위원회 또는 국가정보원장에 제공한다.

● **특정 금융거래정보의 보고 및 이용 등에 관한 법률 제7조의2 (특정금융거래정보 제공사실의 통보)**

금융정보분석원장은 제4조의2에 따라 금융회사 등이 보고한 정보(제7조 제1항 제3호에 해당하는 정보는 제외한다)를 제7조에 따라 검찰총장 등에게 제공한 경우에는 제공한 날(제2항 또는 제3항에 따라 통보를 유예한 경우에는 통보유예의 기간이 끝난 날)부터 10일 이내에 제공한 거래정보의 주요 내용, 사용 목적, 제공받은 자 및 제공일 등을 명의인에게 금융정보분석원장이 정하는 표준양식으로 통보하여야 한다.

현직 세무사가 알려주는

상속 · 증여 국세청 과세사례

기업의 가수금이 법인세 및 상속세에 미치는 영향

구분	세법상 제재
실질가수금	• 기업의 부채비율 증가요인 • 실질 가수금 자본전환 검토
지급이자	• 가수금 무상이자에 대한 증여의제 검토
허위가수금	• 비정상적인 가수금이 존재하는 경우 매출누락여부 세무조사
비상장주식가치영향	• 부채로 인식, 순자산가치 평가에 영향
상속 시 상속재산	• 대표이사가 사망하는 경우 상속인들이 가수금을 회사로부터 변제받지 못하더라도 상속재산으로 인정되어 상속세 납부하여야 함.

Ⅶ

정글같은 삶속에서 벌어지는 상속증여 세금전쟁 이야기

가수금 상속·증여세 세무이슈

1 법인의 가수금이 법인세무조사 빌미되어 회사는 나락으로

CASE

서울소재 건축설계사무소 H는 최근 건설경기의 호황으로 매출이 급증하였다. 법인결산결과 당기순이익이 매우 증가하여 건축설계사무소장은 법인세를 줄이기 위하여 실질 지출되지 않은 경비를 산입하였다. 또한 정상적으로 세금계산서를 발급하지 않고 현금입금된 금액을 가수금으로 처리하였다.

한편 건축설계사무실 특성상 접대비가 지나치게 많아 법인세무조정 시 접대비 한도초과액을 계상하여 법인세를 내고 있었다.

현장추적

국세청은 건축설계사무소 H를 정기조사하면서 가수금계정을 면밀히 분석한 결과 실질 대표이사의 가수금이 아니라 현금지출없는 가공경비 계상임을 밝혀내고 법인세 및 가산세를 고지하였다.

또한 매출누락액을 법인통장에 입금하여 변칙적으로 가수금처리한 것은 법인세 및 가산세를 과세하고, 즉시 상여처분하였다. 한편 접대비 한도초과액에 대해 실질적으로 대표이사가 사용한 접대비는 상여처분하였다.

절세 Tip

회사를 운영함에 법인재무상태표상 가수금계정이 발생하는 경우, 원인을 분석하여 세무적인 위험을 제거하여야 한다. 많은 법인들이 매출누락액을 법인통장으로 입금하여 가수금으로 회계처리한 경우가 자주 국세청에 적발된다. 매출누락액이 정상적으로 신고되지 않고 법인통장으로 입금되는 경우, 법인대표이사가 실질적으로 인출하지 않았더라도 언제든지 대표이사에게 귀속시킬 수 있는 자금으로 보아 대표자 상여처분함을 유의하여야 한다.

■ 법인가수금 발생원인구분

구분	회계처리	세무처리
회사부족자금 입금	현금/가수금	정당한 가수금/자본전환가능
매출누락액입금	현금/가수금	매출누락액 법인세 및 부가가치세 및 상여처분
가공경비계상	복리후생비/가수금	가공경비부인 법인세

관련 판례

● 가수금 매출누락액 확인 상여처분 정당

매출액을 장부에 기재하지 않은 경우 전액 사외유출로 보아야하고 사외유출이 아니라고 볼 특별한 사정은 주장하는 자가 입증하여야 하고, 매출액이 현금으로 법인에 들어온 것을 가수금으로 회계처리하였더라도 명목상의 가공채무라는 특별한 사정이 없는 한 대표자에게 귀속된 것으로 보아야 하므로 대표자 상여처분 정당함(부산지법2017구합320, 2017. 09. 07)

2 받을 수 없는 법인 가수금이 상속재산으로 과세

CASE

당산지역 중견 자동차 부품 제조업체의 P회장은 3년 전 회사의 자동화설비를 위하여 50억이 필요했다. 기존회사의 차입금이 존재하여 더 이상 부채를 발생시키기 어려워서 개인이 보유하고 있는 자금 50억원을 회사에 입금시켰다. P회장은 생전에 본인의 가수금을 회수하려고 하였으나 회사의 사정이 좋지 않아 차일피일 미루고 있었다. 그러던 중 P회장은 63세의 나이로 사망하게 되었다. 상속인들은 회사 사정이 굉장히 어려워 향후 가수금을 변제받지 못할 것으로 예상하여 가수금을 상속재산에서 누락하고 상속세를 신고하였다.

현장추적

국세청은 중견 자동차 부품 제조업체의 P회장의 상속세를 조사하던 중 회사 재무제표에 기록된 가수금이 상속재산에서 누락되었음을 밝혀내고 상속세 15억원을 과세하였다. 한편 국세청은 가수금 내역을 면밀히 조사한 결과 법인에 P회장의 개인자금이 입금되었던 전표를 찾아내었다. 입금전표를 보니 P회장의 개인자금이 법인의 가수금으로 대체되었는 것을 발견하고, P회장의 개인자금의 출처가 의심스런 조사반원들이 P회장의 개인통장을 10년간 분석한 결과, 법인 매출누락금액 수십억원이 개인통장으로 관리되었다는 사실을 발견하고 국세부과제척기간 이내의 법인세 및 부가가치세를 과세하고 대표이사가 개인적으로 유용한 것으로 보아 소득세까지 합하여 약 30억원을 과세하였다.

■ 가수금전표 조회내역

날짜	전표	No	입금은행	내역	입금
2012. 3. 11	회계대체	2	국민. 강남	주주차입금(P)	1,000,000,000
2012. 4. 11	회계대체	1	국민. 강남	주주차입금(P)	1,000,000,000
2012. 4. 12	회계대체	3	국민. 강남	주주차입금(P)	1,000,000,000
2012. 4. 13	회계대체	5	국민. 강남	주주차입금(P)	1,000,000,000
2012. 4. 14	회계대체	4	국민. 강남	주주차입금(P)	1,000,000,000

절세 Tip

법인가수금은 상속재산에 포함된다. 법인가수금의 자금출처조사를 통하여 법인매출누락 여부를 사후 검증하게 되므로 가수금을 입금하더라도 자금출처원을 반드시 고려하여야 한다. 또한 가수금은 상속인들이 회수성이 불확실한 채권이라도 상속재산에 포함되므로 가수금을 자본전환하여 가업상속공제를 검토하여야 한다.

2012년 4월 「상법」 개정으로 주금의 상계금지제도가 폐지되어 유상증자 시 신주인수인의 주금납입채무를 기존 회사에 대한 가수금 등의 채권과 상계 가능하다. 재무제표 상의 부채(장/단기 차입금)가 많고 대표이사의 가수금 있는 경우에는 부채비율이 높아 신용등급이 하락하므로 가수금을 상증법상 현재의 시가로 자본전환하여 부채비율을 감소시키는 것은 좋은 방법이다.

관련 법령

● 가수금 자본전환 시 현물출자 가능 여부

「상법」 제421조는 "신주의 인수인으로 하여금 그 배정한 주수에 따라 납입기일에 그 인수한 각주에 대한 인수가액의 전액을 납입시켜야 한다"고 규정하고 있으며, 「상법」 제334조는 "주주는 납입에 관하여 상계로서 회사에 대항하지 못한다"고 규정하고 있는 바, 이러한 규정으로 인해 대표이사의 가수금을 신주발행에 따른 납입금과 상계함은 「상법」 상 불가능한 것이므로 가수금의 직접 출자전환은 법적으로 불가능했다. 그러나 2011년 4월 14일 「상법」 제334조가 삭제됨에 따라 2012년 1월 1일부터는 가수금의 자본전환이 가능하게 되었다.

3 회사가 어려워 개인 돈 입금하여 가수금 처리하고도 이자도 안받았더니 증여세 날벼락

CASE

여수지역 중견 선박부품 제조업체 R사의 A회장은 최근 5년전 회사의 자동화설비를 위하여 100억원의 개인부동산을 처분하여 회사자금으로 입금하였다. 회사는 R회장의 개인자금을 단기차입금으로 처리하고 이자지급은 없는 것으로 약정하였다. 주주 구성은 R회장이 30%, 배우자 30%, 장남A가 40%를 보유하고 있다.

현장추적

국세청은 중견 선박부품 제조업체 R사를 조사하던 중 가수금의 규모가 100억원임을 확인하고 가수금입금에 대한 자금출처조사를 하였지만, 개인부동산매각대금으로 입금한 사실을 확인하고, 부동산 취득과정에서도 자금출처가 별문제 없음을 최종 확정하였다.

하지만 대표이사가 이자(국세청 고시이자율 4.6%)를 지급받지 않았으므로 법인은 연간 4억6천만원의 채무면제이익이 발생하였고, 법인세를 차감한 약4억원의 무상이익에 대해 배우자는 4억원의 30%인 1억2천의 이익을, 장남은 4억원의 40%인 1억6천의 이익을 간접적으로 분여받았다하여 법인세를 차감한 해당거래 이익이 1억원 이상으로 판단되어, 무상대여기간 7년간을 합산하여 배우자와 장남은 각각 증여세를 고지받았다.

절세 Tip

법인대표이사가 개인의 자금을 회사에 대여하면서 원칙적으로 이자를 계상하여 받을 수는 있으나, 사채이자로 분류되어 이자소득에 대해 법인은 27.5% 원천징수를 하게 되고 수령하는 대표이사는 금융종합과세 문제가 발생한다. 따라서 일반적으로 이자를 지급받지 않는 약정을 한다.

이자를 지급받지 않더라도 법인세법상 부당행위계산부인의 제88조 규정을 적용하지 않기 때문이다. 하지만 이자를 지급받지 않으므로 발생하는 회사의 이익이 특수관계인 주주들에게 연간 1억원 이상 발생되었다면 1억원을 초과하는 금액은 증여세가 과세되므로 가수금의 규모를 자본전환 등으로 항상 조절할 필요가 있다.

관련 법령

- **상속세및증여세법 제45조의 5 [특정법인과의 거래를 통한 이익의 증여 의제]**

  ① 지배주주와 그 친족이 직접 또는 간접으로 보유하는 주식보유비율이 100분의 30 이상인 법인이 지배주주의 특수관계인과 다음 각 호에 따른 거래를 하는 경우에는 거래한 날을 증여일로 하여 그 특정법인의 이익에 특정법인의 지배주주 등의 주식보유비율을 곱하여 계산한 금액을 그 특정법인의 지배주주 등이 증여받은 것으로 본다.

  1. 재산 또는 용역을 무상으로 제공받는 것
  2. 재산 또는 용역을 통상적인 거래 관행에 비추어 볼 때 현저히 낮은 대가로 양도 · 제공받는 것
  3. 재산 또는 용역을 통상적인 거래 관행에 비추어 볼 때 현저히 높은 대가로 양도 · 제공하는 것
  4. 그 밖에 제1호부터 제3호까지의 거래와 유사한 거래로서 대통령령으로 정하는 것

- **특정법인 이익의 증여의제 기준금액 계산방법**

  증여세 상당액은 특정법인에 분여된 전체금액에서 해당 법인세를 차감하고 지배주주 등의 주식보유비율을 곱한 금액으로 하되, 「상증법」 제45조의 5의 2호, 3호는 현저한 대가가 30% 이상이거나 3억원 이상인 경우만 적용함(상증령 34조5). 또한 특정법인의 이익의 증여의제 판단 시에는 거래에 따른 이익별로 구분하여 그 거래일부터 소급하여 1년 이내에 동일한 거래 등이 있는 경우에는 각각의 거래 등에 따른 이익별로 합산하여 1억원 이상인지 여부를 판단함(서면자본거래2022-4934, 2022. 12. 29)

4 가수금을 활용한 기업승계와 감액배당

CASE

2017년 12월 11일자로 성년자녀 P는 자본금 1억원의 (주)미래시행사를 설립하였다. 시행사업에 필요한 토지구입대금 30억원을 아버지로부터 차입하였다. 4년뒤 성공적인 시행사업으로 인하여 액면가 1만원의 회사가 주당 약 30만원의 가치로 상승하였다. 순조로운 시행사업의 분양으로 인하여 이익잉여금이 약 29억이 있는 상태이다. 아버지는 가수금 30억원을 변제받는 대신 유상증자로 자본전환하여 P사의 주식 10,000주를 받기를 원하였다. 자녀 P의 회사는 2020년 30억원의 가수금을 자본으로 전환하고 자본금 1억원 이외의 29억원은 주식발행초과금으로 계상하였다. 이후 발생된 자본잉여금 29억원을 감액배당하여 자녀에게 지급하였다.

현장추적

국세청은 (주)미래시행사의 세무조사를 시행하던 중 부모의 자금이 자녀의 회사에 무상으로 대여된 것을 밝혀내고 30억원에 대한 국세청 고시이자율 4.6%를 계산하여 매년 1억3천8백만원의 이자가 자녀 P에게 간접증여된 것으로 보아 1억원을 제외한 3천8백만원에 대한 증여세를 매년 계산하여 고지하였다. 또한 차입한 자금이 자본으로 전환되어 감액배당되었다는 사실을 확인하여 감액배당 절차와 증여세 문제를 검토하였으나 감액배당이 비례적으로 진행되어 차등배당의 문제가 없음을 확인하였다.

절세 Tip

「상법」 제461조의2에 따르면 회사는 적립된 자본준비금 및 이익준비금의 총액이 자본금의 1.5배를 초과하는 경우에 주주총회의 결의에 따라 그 초과한 금액 범위에서 자본준비금과 이익준비금을 감액할 수 있다. 또한 감액된 금원을 이익잉여금으로 분류하여 배당을 하여도 원래 자본거래를 통한 자본준비금 등이므로 배당소득세 문제는 발생하지 않는다. 하지만 기존의 이익잉여금과 감액배당의 재원을 구분하여 배당하는 이사회결의가 반드시 필요하다. 또한 가수금을 자본전환 시 전환당시 비상장주식의 평가를 정확히 하여 세법상 부당행위계산부인에 적용되지 않도록 한다.

■ 사업시행 후 재무상태표(1주당가치 30만원 가정)

재무상태표(B/S)			
자산	60억원	부채(가수금)	30억원
		자본금	1억원
		자본잉여금	-
		이익잉여금	29억원
합계	60억원	합계	60억원

*(회계처리) 가수금 30억원 / 자본금 1억원
자본잉여금 29억원

■ 가수금 자본출자 후 재무상태표

재무상태표(B/S)			
자산	60억원	부채	-
		자본금	2억원
		자본잉여금(주발초)	29억원
		이익잉여금	29억원
합계	60억원	합계	60억원

관련 법령

● 소득세법 시행령 제26조의 3의 ⑥항 감액배당 개정내용

① 주주기준	상장법인의 대주주(1% 이상)와 비상장법인의 주주(4% 이상)
② 과세대상	감액배당 시 취득가액 초과분은 의제배당으로 과세
③ 개정사유	유상감자와 감액배당의 차별적 과세구조 해소
④ 개정 후	개인주주 및 법인주주 동일하게 취득가액 초과분은 의제배당

* 2026년 개정세법에 따르면 자본잉여금을 배당가능 이익으로 전환하여 감액배당을 하여 비과세로 자녀들에게 이전하는 방안은 매우 어려울 것으로 판단된다.

● 법인세법 제18조 [평가이익 등의 익금불산입]

8. 「상법」 제461조의 2에 따라 자본준비금을 감액하여 받는 배당금액(내국법인이 보유한 주식의 장부가액을 한도로 한다)

MEMO

MEMO

MEMO